Friebel • Das Anti-Stress-Buch für den Kindergarten

Volker Friebel

Das Anti-Stress-Buch für den Kindergarten

Entspannungspädagogik für Kinder und Erzieher/innen

Auch für die ersten Grundschuljahre geeignet

Dr. *Volker Friebel* (geboren 1956) ist promovierter Diplom-Psychologe und Autor von erfolgreichen Veröffentlichungen mit den Spezialgebieten Entspannung, Psychosomatik, Sprache und Musik, darunter dem Standardwerk »Entspannung für Kinder« (gemeinsam mit Sabine Friedrich). Volker Friebel ist in der Weiterbildung tätig und hat viele Jahre mit Kindergruppen gearbeitet. Er lebt in Tübingen.

Kontakt: Post@Volker-Friebel.de
www.Volker-Friebel.de

Das Werk einschließlich aller seiner Teile ist urheberrechtlich geschützt.
Jede Verwertung ist ohne Zustimmung des Verlags unzulässig.
Das gilt insbesondere für Vervielfältigungen, Übersetzungen, Mikroverfilmungen und die Einspeicherung und Verarbeitung in elektronische Systeme.
Die Verlagsgruppe Beltz behält sich die Nutzung ihrer Inhalte für Text und Data Mining im Sinne von § 44b UrhG ausdrücklich vor.

Dieses Buch ist erhältlich als:
ISBN 978-3-407-62788-9 Print
ISBN 978-3-407-29182-0 E-Book (PDF)

© 2012 Verlagsgruppe Beltz
Werderstraße 10, 69469 Weinheim
service@beltz.de
Alle Rechte vorbehalten

Lektorat: Bernhard Schön, Idstein
Umschlaggestaltung: glas ag, Seeheim-Jugenheim
Umschlagabbildung: © barneyboogles, fotolia

Herstellung: Sarah Veith
Druck und Bindung: Beltz Grafische Betriebe, Bad Langensalza
Beltz Grafische Betriebe ist ein Unternehmen mit finanziellem Klimabeitrag (ID 15985-2104-1001).
Printed in Germany

Weitere Informationen zu unseren Autor:innen und Titeln finden Sie unter: www.beltz.de

Inhalt

Vorwort 10

1 Grundlagen 11

Stress bei Kindern 11
Stress und Entspannung 12
Können Kinder entspannen? 14
Ansatzpunkte der Entspannung 17
    Das Nervensystem 17
    Entspannungszugänge 18
    Reaktionen 19
Anwendungsfelder der Entspannung 22
    Zielrichtungen 22
    Zur Intervention 23
    Zur Prävention 27
    Zur Förderung als Grundkompetenz 28
Besonderheiten bei Kindern 28

2 Übersicht Entspannungsmethoden 30

3 Hinführung: Stillemomente 32

    Stecknadel hören 34
    Offenes Fenster 34
    Verklingender Ton 34
    Stillelicht 34
    Tickender Wecker 35
    Stille-Steine 35
    Spiegelbild 35
    Eine Minute 35
    Luftballon 36
    Figuren schreiben 36

4 Klassische Entspannungsmethoden ... 37

Zu Einstimmung und Ausklang ... 37
    Einstimmung für das Sitzen ... 37
    Einstimmung für das Liegen ... 37
    Ausklang ... 38

Fantasiereisen ... 38
    Alte Burg ... 40
    Felsen im Waldbach ... 41
    Die Garage ... 42
    Weg durch den Wald ... 43
    Rund um das Haus ... 43
    Im Sägewerk ... 44
    In den Weinbergen ... 45
    Vor der Feuerwehrübung ... 46
    Waldspielplatz ... 47
    Glühwürmchen ... 48
    Am Wasserfall ... 49
    Auf dem Bauernhof ... 50

Erinnerungsreisen ... 51
    Zum See ... 51

Ruheort ... 52
    Ruheort See ... 53
    Ruheort Alm ... 54
    Ruheort Waldbach ... 54
    Ruheort offen ... 55

Autogenes Training ... 55
    Ruhe-Formel ... 57
    Schwereformel ... 57
    Wärme-Formel ... 58
    Atem-Formel ... 59
    Bauch-Formel ... 59
    Herz-Formel ... 60
    Stirn-Formel ... 60
    Gesamt-Übung ... 61
    Ablauf eines vollständigen Autogenen Trainings ... 62
    Kurzübung im Sitzen ... 64
    Möglichkeiten und Grenzen ... 64

Entspannungsgeschichten und Merksprüche ... 65
    Grünensteins Ruheort ... 66
    Umzug der Drachenmäuse ... 68

Der Piraten-Horst	**69**
Im Tal der Schmetterlinge	**70**
Das Tor der Kraft	**71**
Drachen-Schach	**73**
Drachen-Olympiade	**74**
Die alte Festung	**76**
Der Einsiedler	**77**
In der Fledermaushöhle	**78**
Progressive Muskelentspannung	**80**
Grundbild: Ritterturnier	**81**
Atementspannung	**84**
Atembeobachtung	**84**
Meeratem	**85**
Aufregung ausatmen	**86**

5 Begleitende Aktivitäten zur Entspannung — 87

Bewegungsspiele	**87**
Den Schmetterling verfolgen	**88**
Gewitter	**88**
Schwertransporter	**89**
Herr und Frau Zappel, Herr und Frau Klar	**90**
Tanzbären	**90**
Themen für weitere Entspannungsspiele	**90**
Klänge, Rhythmen, Musik	**92**
Musikbegleitung	**93**
Klangschalen	**94**
Tönen	**94**
Verlangsamungslieder	**94**
Züglein	**95**
Schleicht ein Fuchs ums Hühnerhaus	**95**
Oma in der Stube strickt	**96**
Wild und sanft	**96**
Ring aus Gold	**97**
Die frechen Fliegen	**97**
Der Fußball	**97**
Meditativer Tanz	**98**
Sonnenstrahlen-Tanz	**99**
Quellen-Tanz	**99**

Pilger-Tanz	100
Einige Einzelelemente zum Zusammensetzen	100
Massage	101
Kartoffeln und Blumen	102
Kuchen backen	103
Emilia aus der Wolke	104
Besuch auf dem Bauernhof	105
Tanz der Tiere	106
Eigene Geschichten	107
Yoga	107
Löwe	108
Boot	108
Kobra	108
Kamel	109
Katze	109
Kerze	109
Maus	109
Baum	110
Heuschrecke	110
Blume	110
Storch	111
Holzhacker	111
Gorilla	111
Atmende Blume	112
Die Karawane: Eine Yoga-Geschichte	112
Mandalas	113
Extra: Geführte Imaginationen	114
Deine Tür	115
Schenken	116
Nächtlicher Garten	117
Kastanie	118
Der Vogel	118
Gewitter	119
Die Trauerweide	120
Der Berg und die Weinbergschnecke	121

6 Entspannungsstunden 123

Beispiele 123
Motivation 125
Lernbedingungen 126
   Einbettung und Konzeption 126
   Umgebung 127
   Materialien 128
   Kinder 128
   Leitung 130
   Umgang mit Störungen 131
Abläufe 132
   Aufbau einer Entspannungsstunde 132
   Aufbau eines Entspannungskurses 133
Übertragung in den Alltag 134

7 Entspanntes Leben 137

Anhang 139

Literatur 139
Tonträger 144
Weitere Tonträger 144
Im Netz 144

Die Entspannungsübungen und -geschichten sind zum schnellen Auffinden mit Symbolen gekennzeichnet:

 Übung

 Geschichte

Vorwort

Vom Kind wird die Entwicklung einer Vielzahl von Kompetenzen erwartet, so auch die Regulierung seines Erregungsniveaus, seiner Konzentrations- und Entspannungsfähigkeit. Denn für eine angemessene Aufgabenbewältigung muss das Kind sich sowohl konzentrieren als auch entspannen können.

Die äußeren Voraussetzungen dafür haben sich in den letzten Jahren verschlechtert. Klagen über Stress-Symptome finden sich schon in Krippe und Kindergarten. Zum Ausgleich haben Prinzipien der Entspannungsvermittlung bereits in die frühe kindliche Erziehung Einzug gehalten. Dieses Buch will das Wissen für Erzieherinnen und Pädagogen überschaubar zusammenfassen und Materialien für den praktischen Einsatz bereitstellen.

Im ersten Kapitel werden die Grundlagen der Entspannung für Kinder dargestellt. Entspannungsfähigkeit wird als eine Grundkompetenz angesprochen, die für vieles andere Voraussetzung ist. Auf das Stresskonzept wird eingegangen, auf Besonderheiten bei Kindern, und auf Anwendungsfelder der Entspannung.

Ausführlich erfolgt dann eine Darstellung von Einzelmethoden, jeweils mit Materialien für ihren praktischen Einsatz. Dabei geht es nicht darum, alle diese Methoden nebeneinander anzuwenden. Mit einem Überblick werden Vergleiche möglich, und die für den eigenen Bedarf und die jeweiligen Gegebenheiten besten Methoden können ausgewählt werden.

Im letzten Teil erfolgen Hinweise zu den optimalen Lernbedingungen. Und wir beschäftigen uns damit, was zu beachten ist, wenn aus den vorgelegten Materialien Entspannungsstunden und Kursabläufe zusammengestellt werden sollen. Einige Hinweise zur weiteren Einordnung von Entspannung in den Alltag beenden das Buch.

Mein Dank gilt den vielen Kindern, den Kollegen und Freunden, ohne deren Beiträge das Buch nicht hätte entstehen können. Ganz besonders bedanke ich mich bei Elisabeth Menrad für die begleitende Unterstützung und ihre immer hilfreichen Anmerkungen zum Manuskript.

Volker Friebel

1 Grundlagen

Stress bei Kindern

Autogenes Training und Progressive Muskelentspannung, die beiden klassischen psychologischen Entspannungsverfahren, wurden ab den 1920er-Jahren entwickelt, als Anwendung bei Stressbelastungen von Erwachsenen. Damals wurde angenommen, Kinder könnten wegen ihrer noch wenig entwickelten Selbstkontrolle solche Verfahren nur schwer oder gar nicht erlernen. Zudem galt Stress als Belastungssyndrom, etwa von Managern – aber auf keinen Fall von Kindern. Das ist anders geworden:

- Psychische Probleme von Kindern sind heute weit verbreitet, nach einer Studie von Ravens-Sieberer und Mitarbeitern (2007) zeigen 21,9 Prozent aller Kinder zwischen 7 und 17 Jahren Anhaltspunkte dafür. Das Risiko für psychische Probleme steigt mit der Stressbelastung.
- Stress-Symptome bei Kindern und psychosomatische Beschwerden werden von Eltern, Erziehern und Lehrern immer häufiger beobachtet. Die Diagnosen von Aufmerksamkeitsdefizit-/Hyperaktivitätsstörung (ADHS) bei Kindern nehmen weiter zu. Der Verkauf von Psychopharmaka für Kinder hat sich ab Ende der 1990er-Jahre vervielfacht.

Die Kritik an einer massenhaften Verschreibung von Psychopharmaka für Kinder wächst, Alternativen werden gesucht. Lässt sich die Unruhe bei Kindern ausschließlich auf biologische Faktoren zurückführen? Inzwischen werden auch gesellschaftliche Entwicklungen als Mitverursacher dieser Probleme gesehen.

So wird eine Beschleunigung des Tempos unserer Gesellschaft festgestellt, die schon vor Jahrhunderten begonnen hat, die letzten Jahrzehnte aber nochmals einen gewaltigen Schub bekam. Das geht bis in die Geschwindigkeit etwa der Musik oder der Bewegungen der Menschen, die messbar schneller geworden sind (Borscheid 2004). Auch nimmt die Anzahl der Dinge und Umstände, die unsere Aufmerksamkeit fordern, fortwährend zu.

Nehmen wir die Kommunikation. Früher konnten die Menschen miteinander reden oder sich Briefe schreiben. Dann kamen Telegramm, Telefon, Fax, E-Mail, SMS, und eine Vielzahl sozialer Netze.

In der Regel löst nicht das neuere das ältere Kommunikationsmittel ab, sondern es wird zusätzlich genutzt. Unsere Aufmerksamkeit zersplittert. Das muss sich auch auf unsere Konzentrationsfähigkeit auswirken, die eben sinkt, je mehr sie zu bewältigen hat.

Nicht nur Erwachsene stöhnen über einen vollen Terminplan. Auch die »Freizeit« von Kindern ist von Fußball, Reiten, Tennis, Jazztanz und den verschiedensten Förderaktivitäten überfüllt.

Hinzu kommt: Dieser Terminplan der Kinder ist von Erwachsenen vorgegeben und geregelt. So lernen sie nur schwer, die eigene Zeit selbst zu strukturieren und eigene positive Aktivitäten hervorzubringen oder mit Phasen ohne Reize zurechtzukommen.

Die Kinder gewöhnen sich bei so vielen vorgegebenen Bedingungen an ständige Stimulation von außen. Da macht sich schnell Langeweile breit, wenn einmal »nichts los ist«. Äußere Stimulation auf den eigenen Knopfdruck aber gibt es sehr einfach durch Fernsehen und Computerspiele. Das macht inaktiv, beeinträchtigt die eigene Kreativität und das soziale Lernen. Und in ruhigeren Lebensbezügen, etwa beim Essen, in der Schule, bei den Hausaufgaben, beim Zubettgehen, werden die Kinder unruhig und zappelig, weil der gewohnte »Stimulationsstrom« ausbleibt. Dazu Richard DeGrandpre (2005, S. 37): »Hyperaktivität und die Unfähigkeit, sich auf nüchtern-sachliche Aktivitäten einzulassen, stellen die Art von Fluchtverhalten dar, die ›reizsüchtige‹ Kinder oder Erwachsene zeigen, um ihren benötigten Stimulationsstrom aufrechtzuerhalten.« Sicher hat Hyperaktivität biologische Grundlagen. Aber diese sozialen Ursachen bestehen gleichfalls. Sie werden vernachlässigt – und an ihnen lässt sich ansetzen, um die Situation zu bessern.

In Familien und Einrichtungen steht immer weniger Zeit für wohltuende Stille zur Verfügung, in der Kinder lernen können, ihre eigene Fantasie zu entwickeln und eigene Stimulationen aufzubauen. So macht es Sinn, sich mit Entspannung und Stille zu beschäftigen und zu versuchen, sie Kindern positiv nahezubringen. Aber die Problematik dahinter sollte Eltern und Betreuern bewusster gemacht werden. Sonst wird »die Entspannung« auch nur zu einem der vielen Termine, die die Kinder absolvieren.

Wie auch immer sich die Diskussion um die Ursachen der zunehmenden Probleme von Kindern entwickeln wird, Entspannungsverfahren haben sich als sanfte und wirksame Methoden des Umgangs mit ihnen erwiesen. Sie sollten deshalb, da sie unabhängig von den Ursachen wirken, vorrangig zum Einsatz kommen.

Stress und Entspannung

Fundiert wird der Einsatz von Entspannung durch das Stress-Konzept.

»Stress« lässt sich mit »Anspannung« übersetzen. Gemeint sind die psychischen und körperlichen Belastungsreaktionen von Menschen unter hohen Herausforderungen. Das transaktionale Stress-Konzept von Richard Lazarus (erstmals 1974 veröffentlicht) sieht eine Wechselwirkung zwischen der Situation und der Person, die die Situation bewältigen muss. Stress entsteht dabei nicht einfach durch die objektive Situation, sondern vor allem durch die Art und Weise, wie die Person diese Situation und die eigenen Möglichkeiten, ihr zu begegnen, einschätzt. Stressreaktionen treten danach nur dann auf, wenn die Situation als wichtig, die Möglichkeiten, sie zu bewältigen, aber als gering eingeschätzt werden. Bedeutsam ist also die subjektive Einschätzung, weniger die objektive Situation.

Der Ablauf stellt sich wie folgt dar: In einer ersten Bewertung wird die Situation als positiv, als irrelevant oder als möglicherweise gefährlich eingeschätzt. Nur letztere Einschätzung erzeugt eventuell Stress.

In einer folgenden Bewertung schätzt die Person ab, ob sie die Situation mit ihren Mitteln bewältigen kann. Das ist entscheidend! Nur wenn die Person meint, die Situation mit ihren Mitteln nicht oder nicht ohne Weiteres bewältigen zu können, kommt es zur Stressreaktion.

Für die Stressbewältigung gibt es nach diesem Ansatz drei Möglichkeiten:
- Eine *problemorientierte Stressbewältigung* versucht, den Stress durch Informationssuche oder durch Handlungen zu überwinden.
- Eine *gefühlsorientierte Stressbewältigung* versucht, die durch die Situation entstandene Anspannung psychisch zu reduzieren.
- Eine *bewertungsorientierte Stressbewältigung* versucht, das Verhältnis zwischen den eigenen Möglichkeiten und der Situation neu, nämlich günstiger zu beurteilen. Also etwa sich der eigenen Fähigkeiten besser bewusst zu werden oder die Gefährlichkeit der Situation herabzusetzen und sie so eher als Herausforderung denn als Bedrohung zu betrachten.

Diese drei Möglichkeiten der Stressbewältigung laufen meist gleichzeitig ab. So entspanne ich mich etwa (gefühlsorientierte Stressbewältigung), mache dann einen Lösungsversuch (problemorientierte Stressbewältigung) und komme dadurch zu einer neuen Einschätzung meiner Fähigkeiten (bewertungsorientierte Stressbewältigung).

Entspannung hat nach diesem Ansatz also eine wichtige Funktion bei der Stressbewältigung. Gleichzeitig allerdings sagt der Ansatz auch: Entspannung allein reicht (meistens) nicht aus. Eine wichtige Klassenarbeit etwa ist »Stress«. Wenn ich ganz entspannt in eine solche hineingehe, schreibe ich trotzdem nur dann eine gute Note, wenn ich den Lernstoff gelernt habe. Entspannung ersetzt das Lernen nicht, sie kann mir aber dazu helfen, das, was ich weiß, optimal umzusetzen. Ohne Entspannung blockiere ich sonst vielleicht, auch wenn ich eigentlich gut gelernt habe.

Stress stellt sich also ein, wenn ich mich von einer Situation bzw. den in einer Situation gestellten Anforderungen überfordert fühle. Dies teilt sich auch körperlich mit, durch eine übertriebene physiologische Aktivierung, durch Beschleunigung des Herzschlags, Beschleunigung der Atmung, Schweißausbruch, Einengung der Aufmerksamkeit, der Wahrnehmung und des Bewusstseins.

Dieses Reaktionsmuster ist einerseits also die Folge zumindest subjektiv zu hoher Anforderungen, andererseits erschwert es, hat es sich erst einmal eingestellt, das Umgehen mit der Situation zusätzlich. Fühle ich mich von der Situation überwältigt, werde ich mich in ihr weniger kompetent verhalten können, als wenn ich mich ihr gewachsen fühle.

Oft sind Bewältigungsmöglichkeiten durchaus vorhanden, aber man fühlt sich einer Anforderung trotzdem nicht gewachsen, da die eigene Einschätzung der vorhandenen Bewältigungsmöglichkeiten nicht stimmt. Eigentlich wäre ich meinem Wissen und meinen Handlungsmöglichkeiten zufolge der Situation gewachsen, erkenne dies aber nicht, schätze meine Möglichkeiten falsch, und zwar zu schlecht, ein. Das ist besonders bei neuen oder als sehr wichtig empfundenen Anforderungen der Fall.

Gerade in solchen Situationen sollten die mit Stress verbundenen ungünstigen Reaktionsmuster beseitigt werden bzw. gar nicht erst aufkommen. Eine Möglichkeit hierzu ist Entspannung, also die Verminderung der physiologischen Aktivierung.

Wichtig ist also die Fähigkeit, sich entspannen *zu können*, auch in kritischen Situationen zur Ruhe kommen *zu können*, um seine Möglichkeiten zur Bewältigung der Situation zu verbessern. Entspannt kann ich mit kritischen Situationen besser umgehen, mich in einer Situation angemessen verhalten – genauso wie manchmal Aktivität gefordert ist.

Während Aktivität als eine Grundmöglichkeit des Umgehens mit einer Situation jedem von klein an vertraut und möglich ist, fällt es sowohl Kindern als auch Erwachsenen oft schwer, in kritischen Situationen die nötige Ruhe zur Bewältigung der Anforderungen zu finden. Aktiv sein, das muss in aller Regel nicht gelernt werden, Entspannung aber doch.

Es geht also nicht darum, zwischen zwei Gegensätzen zu wählen, von denen der eine »Aktivität«, der andere »Entspannung« heißt. »Aktivität« und »Entspannung« sind nur unterschiedliche Bereiche innerhalb der einen Qualität der »Gespanntheit«. Je nach Situation ist es günstiger, mehr entspannt oder mehr aktiviert zu sein. Nicht einfach Entspannung ist das Ziel, sondern zwischen Aktivität und Entspannung pendeln zu können und dabei immer das Maß an Anspannung zu finden, das die Situation verlangt.

»Erwachsenen und auch Kindern gelingt es jedoch zunehmend weniger, eine freie Wahl zwischen Anspannung und Entspannung zu treffen, die den jeweiligen Situationserfordernissen angepasst ist. Stattdessen verhärtet sich im wahrsten Sinne der gesamte physische und psychische Körper, um der einseitigen Daueranspannung, die man meint aufbieten zu müssen, gerecht zu werden« (Steiner-Backhausen 2000, S. 72). Beim Lernen von Entspannung geht es im Wesentlichen darum, diese Wahlfreiheit wiederzuerlangen

Können Kinder entspannen?

Können Kinder überhaupt willentlich entspannen? Erwachsene tun sich mit dem Erlernen von Entspannungsmethoden oft schwer, das zeigen Beobachtungen zum Autogenen Training. Lange Zeit bestand die Ansicht, dass Kinder noch mehr Probleme haben müssten als Erwachsene, da ihre Fähigkeit zur Selbstkontrolle weniger gut ausgeprägt ist. Die Ergebnisse von Studien bestätigen das aber nicht, im Gegenteil.

Schon früh wurde in einem Aufsatz berichtet, dass Kinder gegenüber Erwachsenen sogar Vorteile beim Erlernen des Autogenen Trainings haben. »Wir konnten im Vergleich zu Erwachsenen feststellen, daß die Übungen des autogenen Trainings von Kindern dieser Altersklassen viel schneller und besser beherrscht werden als von Erwachsenen. Das mag damit zusammenhängen, daß Kinder dieser Altersstufe bildhafte Vorstellungen besser verwerten und verarbeiten können als Erwachsene, und gerade dies spielt beim autogenen Training ja eine entscheidende Rolle« (Oles 1956, S. 76).

Die Einschätzungen der Kinder decken sich damit, wie Setterlind (1984) erhob: Nur 4 Prozent der Schüler seiner Studie gaben im Fragebogen an, sie hätten sich bei den in einer Sportstunde gelernten Entspannungsverfahren nur schwer oder gar nicht entspannen können. Gleichfalls nur 4 Prozent meinten, sich künftig nicht ohne Hilfe entspannen zu können. Die überwältigende Anzahl der Schüler lernte Entspannung also gut, und ihr gelang auch die Übertragung in den Alltag, das Entspannen außerhalb der Entspannungsstunde (die Kinder waren zwölf Jahre und älter).

Eine ganze Reihe von Studien versuchte, physiologische Daten zur Entspannungsfähigkeit von Kindern zu erheben, etwa ob eine Hauterwärmung nach Entspannungsinstruktionen nachweisbar ist, oder ob Blutdruck, Pulsfrequenz, Hautwiderstand reagieren. Das wird meistens auch bestätigt, so bei Dikel & Olness (1980), Labbe & Williamson (1984), Habersetzer & Schuth (1976), Matthews (1986), Freudenthaler (1994), Lohaus und Mitarbeiter (2001).

Besonders interessant ist eine Studie von Dittmann (1988). Bei ihm schaffte es eine Gruppe geübter Kinder und Jugendlicher durch Autogenes Training zwar, physiologische Entspannungsreaktionen hervorzurufen – eine Gruppe entspannungsunerfahrener Kinder aber genauso. Eine Übertragung dieser Entspannungsreaktion auf Belastungssituationen gelang keiner der beiden Gruppen. Die Arbeit zeigt, dass Kinder eine Entspannungsreaktion hervorrufen können – und zwar anders als Erwachsene meist sehr schnell, oft sofort. Die Übertragung in den Alltag oder in eine Stress-Situation gelingt Kindern dagegen weniger gut als Erwachsenen.

Dittmann erhob in seiner Studie auch, dass in der Entspannung von Kindern während der Übungszeit starke Fluktuationen auftreten, derart, dass die Kinder sozusagen aus der physiologischen Entspannung aufwachen, aber von selbst wieder in die Entspannung zurückfinden.

Noch einige andere Studien zu diesem Thema sind aufschlussreich. Lee & Olness (1996) baten Kinder, sich zwei Minuten lang vorstellen, an einem ruhigen, angenehmen Ort zu sein. Danach gab es eine Pause. Dann sollte sich jedes Kind zwei Minuten lang vorstellen, eine aufregende Aktivität durchzuführen, so etwa seinen bevorzugten Sport. Pulsrate, Hauttemperatur und elektrodermale Aktivität (ein Maß für die Stressbelastung) wurden erhoben. Bei allen Kindern zeigten die Pulsraten höchstsignifikante Abnahmen während der ruhigen Situation und höchstsignifikante Zunahmen während der aktiven. Die Hauttemperatur nahm sowohl während der ruhigen als auch während der aktiven Imagination höchstsignifikant zu. Die elektrodermale Aktivität nahm während der aktiven Imagination höchstsignifikant ab. Die Autoren sehen darin ihre klinischen Beobachtungen bestätigt, dass bewusste Veränderungen der mentalen Vorstellung bei Kindern zu sofortigen Veränderungen des vegetativen Nervensystems führen.

Klauß (1982) erhob bei Jugendlichen den Hautwiderstand (ein Stressmaß) unter vier Entspannungsinstruktionen: (1) Eine Säule anschauen, (2) Die Augen schließen, (3) Vorstellung der Armschwere nach dem Autogenen Training, (4) Vorstellung, auf einer grünen Wiese zu liegen. Die Entspannung nahm in dieser Reihenfolge zu, die bildhafte Vorstellung im Sinne eines Ruheortes wirkte also am besten.

Auch Lohaus und Mitarbeiter (2001) fanden beim Vergleich von Progressiver Muskelentspannung, Imagination und neutralen Geschichten (Herzrate, Hautleitfähigkeit und Hauttemperatur sowie Stimmung und körperliches Befinden wurden erhoben) ein physiologisches Entspannungsmuster am klarsten bei der Imagination. Aber auch die Geschichten gingen in diese Richtung. Die Progressive Muskelentspannung führte während der Übung hingegen zu einer Erhöhung der Herzrate – was eigentlich auch kurzfristig bei einem Verfahren, das auf Muskelaktivitäten beruht, zu erwarten ist.

Lohaus & Klein-Heßling (2003 a und b) fanden kaum einen Unterschied, wenn das Training der Progressiven Muskelentspannung intensiviert wurde. Und sie fanden zwar deutliche Kurzzeiteffekte – die Kinder waren nach einer zehnminütigen Entspannung ruhiger, auch Blutdruck und Puls sanken, die Körpertemperatur stieg –, aber nur geringe Langzeiteffekte (Lohaus & Klein-Heßling 2000). Deutliche Effekte nach der Entspannung sind also nachgewiesen – aber eine Übertragung in den Alltag und in die eigene Verantwortung erfolgt nicht ohne Weiteres.

Kinder können entspannen. Ab welchem Alter ist es ihnen denn möglich, Entspannungsübungen durchzuführen? In einer älteren Publikation zum Autogenen Training findet man für die Durchführung in Gruppen eine Altersuntergrenze von zehn Jahren (Biermann 1975). Das bezieht sich allerdings auf Autogenes Training in seiner für Erwachsene entwickelten Form. Wenn die Darbietung der Entspannung altersgerecht abgestimmt wird, sinkt die Altersuntergrenze auch des Autogenen Trainings deutlich.

Anna Polender (1982 a) hat eine Form ausgearbeitet, die in Gruppen ab fünf Jahren von allen Kindern problemlos angenommen wird. So kann eine Geschichte erzählt werden, in der ein kleiner Bär Bäume fällt und eine Hütte für seinen Winterschlaf baut. Dann legt er sich hin, und die Übungsformeln des Autogenen Trainings werden gesprochen. So vorbereitet durch die Geschichte seiner Müdigkeit nach der Arbeit, werden die Entspannungsformeln von den Kindern ohne Weiteres miterlebt, die starke Identifikationsfähigkeit gerade von Jüngeren wird genutzt. Die Erfahrung der Erzieherinnen: »Nach den Entspannungsübungen sind die Kinder erfrischt, nicht mehr unruhig, sie fangen an, leiser zu sprechen, sie verhalten sich so wie am Anfang des Tages. Ihre Aktivität ist kontrollierter, sie können sich besser konzentrieren, ihre Emotionalität ist stabiler« (S. 18).

Zusammenfassend lässt sich festhalten:
- Kinder können entspannen. Das ist durch physiologische Messungen nachgewiesen.
- Sie können es, anders als Erwachsene, ohne lange Einübung.

- Ihre Entspannung ist dann aber nicht so gleichmäßig wie bei Erwachsenen, sondern sie fallen immer wieder heraus, öffnen etwa die Augen, schauen sich um. Sie finden dann aber wieder gut in die Entspannung zurück.
- Bildhafte Vorstellungen wirken bei Kindern zur Entspannung am besten. Das spricht sehr dafür, bildhafte Vorstellungen zu nutzen, auch etwa zur Unterstützung des Autogenen Trainings und der Progressiven Muskelentspannung.
- Bei altersgerechter Darbietung sind auch verbal orientierte Verfahren wie das Autogene Training ab einem Alter von 5 Jahren, manchmal schon früher, durchführbar.
- Kinder haben Probleme, das in der Entspannungsstunde Gelernte in den Alltag zu übertragen, also selbstständig während Stress einzusetzen. Dies muss mit ihnen geübt werden.

Ansatzpunkte der Entspannung

Das Nervensystem

Unser Nervensystem lässt sich in das *Zentralnervensystem* und das *periphere Nervensystem* gliedern. Das Zentralnervensystem besteht aus Gehirn und Rückenmark, das periphere Nervensystem umfasst alle Nervenfasern und Nervenzellen im restlichen Körper.

Im Gehirn finden unsere Wahrnehmungs- und Denkleistungen statt. Auch unsere Bewegungen, unsere Handlungen und die Regulierung unseres ganzen Körpers haben hier ihren Ausgangspunkt.

Das Zentralnervensystem wirkt nach außen im Wesentlichen durch das periphere Nervensystem und das eher langsam reagierende Hormonsystem. Dieses periphere Nervensystem hat zwei unterschiedliche Teile: Im Gehirn liegen seine Zentren, sie sind dort eng miteinander verwoben. Seine Nervenfasern im Körper verlaufen getrennt.

Unsere Kraftmuskeln, das sind alle Muskeln, die wir willentlich bewegen können, stehen unter Kontrolle des *somatischen* oder *willkürlichen Nervensystems*. Ohne sie könnten wir weder gehen noch stehen, weder den Kopf bewegen noch einen Finger oder ein sonstiges Körperteil. Das somatische Nervensystem hat also mit aller Aktivität des Körpers zu tun, die sich nach außen richtet, mit willkürlichen Bewegungen und Handlungen.

Daneben existiert das sogenannte *vegetative* oder *autonome Nervensystem*. »Autonom« (selbstständig) wird es genannt, weil es nicht oder zumindest weit weniger willentlich beeinflussbar ist als das somatische Nervensystem. Es reguliert die Organfunktionen des Körpers, passt Herzschlag, Atmung, Verdauung den jeweiligen Bedürfnissen an und kontrolliert unser inneres Milieu. Über eine Beeinflussung der Blutgefäße (ihr Durchmesser wird je nach Bedarf verändert) reguliert es auch Blutfluss und Kreislauf.

Das vegetative Nervensystem unterteilt sich in den *Sympathikus*, den *Parasympathikus* und das für unser Thema wenig wichtige Darmnervensystem. Sowohl Sympathikus als auch Parasympathikus sprechen innere Organe und Blutgefäße an. Bei vielen Organen sind sie gleichzeitig tätig. Dabei wirken sie meistens antagonistisch (gegensätzlich). Nervenimpulse des Sympathikus wirken in der Regel ergotrop, das heißt, die Handlungsbereitschaft des Organs wird erhöht, es wird aktiviert. Nervenimpulse des Parasympathikus wirken in der Regel trophotrop, das heißt, das Organ ändert seine Tätigkeit in Richtung Ruhe und Erholung.

Im Gehirn bewirkt der Einfluss des Sympathikus eine Bewusstseinssteigerung, der Einfluss des Parasympathikus Bewusstseinsdämpfung. Der Sympathikus erweitert unsere Pupillen, der Parasympathikus verengt sie. Atmung und Herzfrequenz werden durch den Sympathikus beschleunigt, durch den Parasympathikus verlangsamt. Der Blutdruck wird durch den Sympathikus erhöht und durch den Parasympathikus erniedrigt. Der Einfluss des Sympathikus setzt in der Leber Zucker, also Energie, frei, der Einfluss des Parasympathikus bewirkt eine Speicherung von Zucker. Der Stoffwechsel wird durch den Einfluss des Sympathikus gesteigert (Energie wird verbraucht), durch den Einfluss des Parasympathikus verlangsamt. Insgesamt findet sich also durch den Einfluss des Sympathikus Aktivität und Energieverbrauch, durch den Einfluss des Parasympathikus Erholung und Energieaufbau.

Der Sympathikus wirkt auch über Hormone. Denn eine wichtige Hormondrüse, das Nebennierenmark, ist Teil des vegetativen Nervensystems. Das Nebennierenmark besteht aus umgewandelten Zellen des Sympathikus. Werden sie erregt, geben sie ein Hormongemisch aus 80 Prozent Adrenalin und 20 Prozent Noradrenalin ins Blut ab. Diese Hormone wirken auf dieselben Organe ein wie der Sympathikus, sie sorgen dabei vor allem für die Bereitstellung von Energie. Sie werden auch als Stresshormone bezeichnet.

Das Konzept der Trophotropie von Walter Rudolf Hess (1954) legt nahe, dass die Wirkung von Entspannung durch eine Stärkung der Aktivität des Parasympathikus zustande kommt. So wurde die Wirkweise des Autogenen Trainings erklärt. Möglicherweise findet in der Entspannung aber eher eine Verminderung der sympathoadrenergen Erregungsbereitschaft statt, und zwar derart, dass eine Dominanz des Sympathikus abgebaut und ein Gleichgewicht zwischen Sympathikus und Parasympathikus hergestellt wird (Vaitl 2004 a).

Entspannungszugänge

Unser Nervensystem dient allem, was wir wahrnehmen, empfinden, denken, wollen, tun als Grundlage. Aus seinem beschriebenen Aufbau ergeben sich verschiedene Entspannungszugänge.

Das *vegetative Nervensystem* wird etwa durch Übungsformeln des Autogenen Trainings beeinflusst (»Ich bin ganz warm ...«). Angesprochen werden Körperzustände, die natürlicherweise mit Entspannung verbunden sind, so Schwere, Wärme, ruhiger Atem, ruhiger Herzschlag. Die wiederholte Darbietung von Übungsformeln in entspannter Atmosphäre führt zu ihrer Assoziierung mit dem entspannten Zustand.

Eine solche Assoziierung dürfte schon in einem gewissen Maße durch unsere Alltagserfahrungen gegeben sein: Wärme, ein ruhiger Herzschlag, ein ruhiger Atem sind bereits in unserer Vorstellungswelt mit Entspannung verknüpft.

Über diese Assoziierung soll dann nach einigem Üben schon durch das innere Vorsprechen der Übungsformeln alleine der mit ihnen verknüpfte Entspannungszustand hergestellt werden.

Die Übungsformeln des Autogenen Trainings beabsichtigen eine Entspannung des vegetativen Nervensystems. Die Entspannung soll von diesem aus auf das gesamte Nervensystem generalisieren. Und aus der Beruhigung des Körpers soll eine Beruhigung der Psyche folgen.

Das *somatische Nervensystem* ist Ansatzpunkt etwa der Progressiven Muskelentspannung. Sie möchte eine Entspannung der Willkürmuskulatur erreichen, durch Anspannen von Muskelgruppen, mit folgendem Loslassen dieser Anspannung.

Dem Übenden wird durch Konzentration auf das Körpergefühl der Unterschied zwischen Spannung und Entspannung bewusst. Über diese Wahrnehmungsschulung gelingt es, den Grad der muskulären Anspannung besser unter bewusste Kontrolle zu bekommen, selbst bewusst zu entspannen.

Der Entspannung der Willkürmuskulatur soll eine Generalisierung auf das gesamte Nervensystem folgen, und der Entspannung des Körpers eine Beruhigung der Psyche.

Am *Zentralnervensystem* mit seinen Wahrnehmungs- und Assoziationszentren setzen Vorstellungsbilder an (Fantasiereisen, Ruheorte, Imaginationen und mentales Training). Mit Entspannung assoziierte Vorstellungsbilder erzeugen eine Entspannung der Psyche, die dann auf den ganzen Körper generalisieren soll.

Alle Entspannungsweisen möchten im Grunde dasselbe. Ob am vegetativen Nervensystem, am somatischen Nervensystem oder am Zentralnervensystem ansetzend, zielen sie auf eine Beruhigung des Körpers und der Psyche. Und sie erreichen das durchaus vergleichbar, in der Entspannungsreaktion kommen die verschiedenen Entspannungsweisen zusammen.

Reaktionen

Wir alle kennen Entspannung, sie gehört wie Bewegung von klein an zu den Grundseinsweisen des Menschen. Wir müssen sie nicht als etwas ganz Neues lernen wie etwa Lesen und Schreiben, sondern als etwas, über das wir immer schon etwas wissen. So lernen wir weniger die Entspannung selbst, als vielmehr Wege oder Techniken, sie wiederzuerlangen oder zu verbessern, wenn sie durch äußere Umstände erschwert wird oder verloren ging.

> **Körperliche Kennzeichen von Entspannung**
>
> **Muskulatur:** Die Muskelspannung nimmt ab. Das ist weitgehend auf die ruhige Körperhaltung während der meisten Entspannungsweisen zurückzuführen. Hilfreich dazu ist außerdem, für möglichst wenig sensorische Anregungen zu sorgen, also die Augen zu schließen, das Licht zu dämpfen, eine stille Umgebung ohne viel Anregungen zu gewährleisten. Denn Wahrnehmungen können für motorische Unruhe sorgen.
> **Herz und Kreislauf:** Die peripheren Blutgefäße erweitern sich, vor allem in der Haut (das bewirkt eine messbare Erwärmung). Die Herzrate sinkt etwas. Der Blutdruck sinkt. Verantwortlich ist wahrscheinlich eine Dämpfung des Sympathikus.
> **Atmung:** Wir atmen langsamer und gleichmäßiger. Der Sauerstoffverbrauch sinkt. Dies scheint vor allem auf die körperliche Ruhe zurückzuführen sein.
> **Hautleitfähigkeit:** Die Hautleitfähigkeit sinkt. Eine Erhöhung der elektrischen Hautleitfähigkeit ist immer ein Hinweis auf emotionale Belastung, wie sie durch Stress hervorgerufen wird. Denn Stress kann zu vermehrtem Schwitzen führen. Schwitzen bedeutet unter anderem über die im Schweiß enthaltenen Ionen eine Erhöhung der Leitfähigkeit der Haut für elektrische Ströme oder, anders ausgedrückt, eine Erniedrigung des Hautwiderstands. Eine (relativ) erhöhte Hautleitfähigkeit steht also für Stress, eine (relativ) erniedrigte Hautleitfähigkeit für Entspannung.
> **Gehirn:** Die Hirnwellen ändern sich in Richtung Ruhezustand, das heißt, statt Betawellen (aktiver Wachzustand) treten mehr Alphawellen auf (die für entspannten Wachzustand stehen). Hirnelektrisch ist die Entspannungsreaktion in dem engen Bereich des Übergangs von Wachheit und Schlaf anzusiedeln, den wir jede Nacht beim Einschlafen durchlaufen, aber kaum erinnern. Entspannung ist nach Vaitl (2004 b) das längere Verbleiben in diesem Zwischenzustand.
> (Im Wesentlichen nach Vaitl 2004 a und b)

Neben diesen angestrebten Veränderungen gibt es auch eine Reihe von eher unerwünschten *Begleiterscheinungen der Entspannungsreaktion*. Luthe (1965) hat für das Autogene Training bei Erwachsenen eine Auflistung gegeben. Aller Erfahrung nach treten solche Begleiterfahrungen bei Kindern seltener auf und werden nicht als dramatisch oder auch nur negativ erlebt. Dennoch ist es gut, auf sie vorbereitet zu sein.

Die häufigsten unerwünschten Begleiterscheinungen sind nach Luthe (1965) Kribbeln, Muskelzucken (vor allem in den Gliedmaßen), schmerzhafte Empfindungen, Schummrigkeit, Taubheitsgefühl, Spannungsgefühl, Druckempfindungen, Kälteempfindungen, Jucken, Schwellgefühl, Darmgeräusche.

Begleiterscheinungen treten vor allem beim ersten Üben auf, mit zunehmender Bekanntheit der Entspannungsübungen verlieren sie sich oder werden nicht mehr wahrgenommen. Sie können als Zeichen dafür betrachtet werden, dass die Entspannungsübung körperliche Reaktionen hervorruft, also »funktioniert«. Allerdings sind es für uns nicht so hilfreiche Reaktionen, auf die wir uns nicht weiter konzentrieren, und die sich voraussichtlich bald wieder verlieren werden.

Da Begleiterscheinungen, wenn sie sehr stark und unerwartet auftreten, vom weiteren Üben abschrecken können, sollten wir – nach dem ersten Üben – die Möglichkeit solcher Begleiterscheinungen ansprechen. Am besten mit einer offenen Frage: »War denn außer der Entspannung noch etwas zu spüren?« Wenn ja, sollte nicht nur die

Harmlosigkeit dieser Begleiterscheinungen erwähnt werden, sondern die Übenden sollten sie als Anzeichen für die zunehmende Entspannung verstehen lernen – und sich ansonsten nicht darauf konzentrieren. Werden sie als zu unangenehm empfunden, nimmt man kurz die Entspannung zurück, öffnet also die Augen, ballt die Hände zu Fäusten, reckt und streckt sich etwas.

Psychische Auswirkungen von Entspannung

Psychische Entspanntheit: Sie lässt sich durch Entspannungsübungen erreichen, bei Kindern wie bei Erwachsenen. Die Kinder werden ruhiger, weniger zappelig, sie berichten es selbst, es wird von Eltern, Lehrern und Erziehern berichtet (siehe ausführlich im Abschnitt »Können Kinder entspannen?« ab S. 14).

Ängstlichkeit: Die *Ängstlichkeit* wird durch Entspannungsübungen vermindert (Kröner & Steinacker 1980), vor allem anscheinend bei Kindern mit großer Ängstlichkeit.

Konzentration: Die *Konzentration* verbessert sich bei vielen Kindern deutlich, auch im Leistungsbereich, beispielsweise in der Schule, aber auch schon im Kindergarten. Das spiegelt sich in besseren Testergebnissen nach Entspannung wieder, beispielsweise durch weniger Fehler bei Klassenarbeiten, oder beim Konzentrationstest schon im Kindergarten (Kröner & Langenbruch 1980, Krampen 1992, Krampen 2008). Besonders solche Kinder profitieren von Entspannung, für die Konzentration ein Problem ist, die also in Klassenarbeiten nicht durch fehlendes Wissen, sondern durch unkonzentriertes Verhalten oder Denkblockaden versagen.

Aggression: Auch auf die *Aggressivität* von Kindern hat Entspannung einen günstigen Einfluss. Wie bei vielen anderen Verhaltensweisen ist hier aber nicht nur Entspannung gefordert, sondern es sollten dem Kind außerdem alternative Verhaltensweisen beigebracht werden, beispielsweise wie man mit anderen Mitteln sein Ansehen in der Gruppe steigern oder wahren kann. Entspannung kann bei aggressiven Kindern helfen, ihr Erregungsniveau zu reduzieren, sodass sie sich überhaupt erst auf wahrnehmungs- und verhaltensbezogene Maßnahmen einlassen können. Deshalb enthalten Trainingsprogramme für aggressive Kinder und Jugendliche Entspannungselemente (etwa Petermann & Petermann 1993 oder Grasmann & Stadler 2009).

Kreativität: Entspannung hat einen günstigen Einfluss auf die Kreativität von Kindern (und Erwachsenen), auch Teilbereiche der Intelligenz scheinen zumindest kurzfristig von Entspannung zu profitieren (Krampen 1997).

Kontrollüberzeugung: *Kontrollüberzeugung* meint, ob das Verhalten einer Person mehr von inneren oder mehr von äußeren Faktoren beeinflusst wird, bzw. ob die Person selbst meint, dass mehr innere oder mehr äußere Umstände für das eigene Verhalten wichtig sind. Wenn die Person meint, selbst Einfluss auf das eigene Leben zu haben, selbst bedeutsam handeln zu können, nach eigenen Wertvorstellungen, wenn sie glaubt, nicht nur Spielball äußerer Gewalten zu sein, dann hat dies günstige Auswirkungen auch auf die psychische Gesundheit und das Wohlbefinden. Durch Entspannung kann Studien von Denkowski und Mitarbeitern (1983) und Roome & Romney (1985) zufolge eine Veränderung in Richtung dieser günstigen inneren Kontrollüberzeugung stattfinden. Vielleicht ist das sogar eine der wesentlichen Funktionen von Entspannung.

Kontraindikationen für Entspannung sind nicht nachgewiesen. Das wäre auch merkwürdig, da Entspannung ein ganz natürlicher Zustand unseres Körpers und unserer Psyche ist, den wir alle täglich mindestens beim Einschlafen durchleben.

Allerdings gibt es bei einigen Krankheiten Besonderheiten.

Epileptische Anfälle können bei manchen Epileptikern grundsätzlich nach Erwachen aus dem Schlaf gehäuft sein. Da in der Entspannung auch ein Schlafzustand hervorgerufen werden kann, spräche dies gegen die Anwendung von Entspannungsverfahren bei entsprechend veranlagten Epileptikern.

Bei Vorliegen eines *angeborenen Herzfehlers* oder *extrem niedrigen Blutdrucks* bzw. starken *Blutdruckschwankungen* sollte vor Teilnahme an einem Entspannungskurs vorsichtshalber ein Arzt konsultiert werden.

Anwendungsfelder der Entspannung

Zielrichtungen

Drei Zielrichtungen bei der Entspannung für Kinder lassen sich ausmachen:
- *Intervention:* Spezielle Probleme sollen gezielt beeinflusst werden.
- *Prävention:* Die psychische und körperliche Gesundheit soll vorbeugend geschützt bzw. gestärkt werden.
- *Förderung als Grundkompetenz:* Mit der Entspannungsfähigkeit soll eine grundlegende Fähigkeit des Kindes gefördert werden.

Die »klassischen« westlichen Entspannungsverfahren, Autogenes Training und Progressive Muskelentspannung, wurden als Methoden ärztlicher bzw. psychologischer Intervention entwickelt. Deshalb liegen zu diesen Methoden zahlreiche wissenschaftliche Studien vor. Ihr Einsatz als Interventionsmethoden erfolgt in der Regel in Beratungsstellen, Kliniken oder in psychologischen bzw. psychotherapeutischen Praxen. Der Einsatz als Interventionsmethode sollte nur von ausgebildeten Psychologen oder Ärzten oder psychotherapeutisch ausgebildeten Pädagogen erfolgen. Denn für eine psychologische Intervention ist deutlich mehr Wissen erforderlich als die Kenntnis einer bestimmten Methode wie der Entspannung.

Autogenes Training und Progressive Muskelentspannung werden, wie die anderen in diesem Buch vorgestellten Entspannungsweisen, außerdem präventiv eingesetzt sowie als Förderung von Grundkompetenzen verstanden. In diese Richtungen ist die Durchführung von Entspannung zu Hause, im Kindergarten, in der Schule und in Form von Entspannungskursen an Volkshochschulen oder Krankenkassen zu werten. Entspannung ist dabei für alle Kinder gedacht, nicht nur für solche mit Problemen.

Zur Intervention

Aus den Studien zur therapeutischen Anwendung von Entspannungsverfahren liegen zahlreiche Ergebnisse vor, die auch dann interessant sind, wenn Entspannung als Präventionsmaßnahme oder als Förderung von Grundkompetenzen durchgeführt wird. Ich gebe im Folgenden eine Übersicht. Untersucht wurden zumeist Autogenes Training, Progressive Muskelentspannung oder geführte Imaginationen (Fantasiereisen, Ruheorte). Soweit das untersucht wurde, unterscheiden sich die einzelnen Entspannungsverfahren in ihren Erfolgen nicht bedeutsam.

Schmerzen

Entspannung kann einen wichtigen Beitrag zum Umgang mit chronischen Schmerzen leisten, umso mehr als bei vergleichbarer Wirksamkeit anders als bei Medikamenten keine Nebenwirkungen in Kauf genommen werden müssen. Viele Studien konnten dies belegen, eine Übersicht bietet die Meta-Analyse von Palermo und Mitarbeitern (2010).

Die Meta-Analyse von Trautmann und Mitarbeitern (2006) beschäftigt sich nur mit *Kopfschmerzen*. Sie findet eine Bestätigung der guten Wirksamkeit von Entspannung – dass diese anhält, und mit der Zeit sogar noch steigt.

Bei *Bauchweh* ist Entspannung eine wirksame Hilfe. Die Studie von Weydert und Mitarbeitern (2006) konnte nach einem Entspannungstraining von nur vier Terminen (und zusätzlichem Entspannen zu Hause) eine »Heilung« von einem Drittel der Kinder nach Abschluss des Trainings erzielen, nach einem weiteren Monat sogar von zwei Drittel, während eine Kontrollgruppe ohne Entspannung sich fast nicht besserte.

Auch Schmerzen bei Kindern aus anderen Gründen wurden mit Entspannung erfolgreich behandelt – wobei »erfolgreich« kaum je ein völliges Verschwinden der Schmerzen meint, die ja eine durch die Entspannung kaum zu beseitigende körperliche Grundlage haben, aber eine Verminderung von Häufigkeit, Dauer und Stärke. Das gilt etwa für Fibromyalgie, juvenile rheumatische Arthritis oder Schmerzen im Zusammenhang mit Krankenhausbehandlungen wie Operationen oder Knochenmarkuntersuchungen.

Angst und Phobien

Wir hatten bei den psychischen Auswirkung der Entspannung bereits vermerkt, dass die *allgemeine Ängstlichkeit* durch Entspannungsübungen reduziert wird. Auch spezifische Ängste *(Phobien)* lassen sich mit Entspannungsübungen behandeln. Entspannung ist bei der therapeutischen Behandlung von Ängsten aber fast immer nur ein Mittel unter anderen. Mit Entspannung lässt sich erreichen, dass Kinder sich ihren

Ängsten besser stellen können. Aber fast immer sind auch noch Wissensvermittlung, verhaltensbezogene Maßnahmen oder auch Vermittlung sozialer Fertigkeiten wichtig. So haben Petermann & Petermann (1994) Entspannung als eine Komponente in ihr Training für sozial unsichere Kinder aufgenommen. Sinnvoll und erfolgreich ist Entspannung auch bei Ängsten in Zusammenhang mit Klinikaufenthalten (Lizasoain & Polaino 1995).

Psychische Behinderung, Lernbehinderung

Psychisch behinderte Kinder sprechen überraschend gut auf Entspannung an. Diese muss aber langsamer eingeführt und häufiger wiederholt werden. Auch lernbehinderte Kinder profitieren gut von Entspannung. Ihr Stress lässt sich vermindern, die Konzentration stärken, sodass die vorhandenen Fähigkeiten besser ausgeschöpft werden können.

Auch die Vorsatzbildung des Autogenen Trainings, das heißt das Sich-Vorsagen positiver Selbstinstruktionen in der Entspannung (»Merksprüche«), kann gute Erfolge bringen (Bobretzky & Plesser 1984). Polender (1982 b) erreichte mit einer modifizierten Form des Autogenen Trainings (etwa wie im Kindergarten) bei geistig behinderten Kindern zumindest kurzzeitig Verbesserungen der Konzentrationsfähigkeit und der psychomotorischen Leistung.

Aufmerksamkeitsdefizit-/Hyperaktivitätsstörung (ADHS)

Saile (1996) führte eine Meta-Analyse von Studien durch, die sich der psychologischen Behandlung von Kindern mit Aktivitäts- und Aufmerksamkeitsstörungen widmeten. Aus 44 kontrollierten Studien berichtet er über »mittlere« Erfolge psychologischer Verfahren (eine Verbesserung um 17 Rangplätze bei behandelten Kindern). Entspannung und Biofeedback schneiden bei den psychologischen Methoden am besten ab, gefolgt von einzelnen verhaltenstherapeutischen Verfahren und Elterntraining. Im Vergleich zu medikamentösen Behandlungsansätzen kommt es darauf an, wie Erfolge erhoben werden: Bei der einen Messmethode schneiden Medikamente, bei der anderen psychologische Methoden besser ab. Man kann also sagen, dass Entspannung bei Hyperaktivität etwa so gut wirkt wie eine medikamentöse Therapie – ohne deren Nebenwirkungen.

Aggressivität

Schon erwähnt wurde, dass Trainingsprogramme für aggressive Kinder und Jugendliche auch Entspannungselemente enthalten (S. 21). Entspannung wirkt hier über eine

Reduzierung des Erregungsniveaus aggressiver Kinder. Es leistet so eine Voraussetzung für die Wahrnehmung eigenen und fremden Verhaltens, für eine angemessene Bewertung und für das Lernen von sozial angemessenen Verhaltensweisen.

So setzen Grasmann & Stadler (2009, 2011) Entspannung in ihrem stationären verhaltenstherapeutischen Training zu Störungen des Sozialverhaltens (Aggression, ADHS) ein, als Möglichkeit der Selbstregulation für die Kinder. Ähnlich Petermann & Petermann (1993), die zur Begründung schreiben (S. 16): »Für aggressive Kinder ist eine angespannte Körperhaltung und eine psychische Anspannung durch das Gefühl des *Sich-bedroht-Fühlens* charakteristisch. Oft lassen sich die Reaktionen aggressiver Kinder aus dieser Anspannung mit erklären. Dabei wird die Wahrnehmung des eigenen Spannungsgefühls als Alarmsignal interpretiert, was die Bereitschaft für aggressives Handeln erhöht.«

Schulleistungen

Dieses Thema zeigt Bezüge zu Konzentration, Prüfungsangst, Stress – und auch zu Umgebungsbedingungen wie dem Lärmpegel. Hier kann Entspannung helfen. Wenig bis gar keinen Einfluss hat sie allerdings auf wichtige Faktoren wie Intelligenz und Motivation.

Kröner & Steinacker (1982) fanden durch Entspannung die Verringerung von Prüfungsangst um die Hälfte. Auch die Verbesserung der Konzentrationsfähigkeit durch Entspannung wurde nachgewiesen (s. S. 21).

Oldfield & Petosa (1986) fanden in Klassen, wo Entspannung im Unterricht gelehrt worden war, im Vergleich zu Kontrollklassen einen höheren Prozentsatz an aufgabenbezogenem Verhalten (89 Prozent zu 78 Prozent).

Norlander und Mitarbeiter (2005) erhoben bei schwedischen Schulklassen durch ein kurzes Entspannungsprogramm (vier Wochen lang täglich, nach Frühstücks- und Mittagspause, Bewegung mit anschließender Atembeobachtung bei geschlossenen Augen) eine signifikante Senkung des Lärmpegels in den Klassenzimmern sowie nach Lehrereinschätzung eine Verbesserung der Konzentration bei den Schülern im Vergleich vor zu nach dem Entspannungsmonat. Der von den Schülern erlebte Stress ließ aber deren Selbsteinschätzungen zufolge nicht nach.

Frey (1978) nahm Entspannungsübungen in die außerschulische Legasthenikerförderung auf – ohne zusätzliche Zeit, das heißt, er kürzte das Lernprogramm dafür. Die Rechtschreibung der Kinder mit Entspannung verbesserte sich noch einmal deutlich gegenüber der verbesserten Rechtschreibung der Kinder im »normalen« Legasthenikerprogramm. Ein schönes Beispiel dafür, wie erst Entspannung die Grundlage dafür schafft, dass andere Maßnahmen optimal helfen können.

Eine Studie zum Einsatz der Kurzform des Autogenen Trainings während einer Klassenarbeit bestätigt das. Krampen (1992) ließ dabei die Lehrer einiger Klassen nach dem Diktat und vor der Selbstkorrektur durch die Schüler eine Entspannungsübung durchführen. In anderen Klassen hatten die Kinder nur die entsprechende Zeit vor der Selbstkorrektur zur Verfügung, ohne angeleitete Entspannung. Der Unterschied zwischen den Gruppen betrug fast eine halbe Note. Und zwar hatten die Kinder mit Entspannung im Vergleich zu den Kindern ohne Entspannung mehr Fehler verbessert und weniger neue Fehler bei ihrer Selbstkorrektur in das Diktat gesetzt, was für eine Verbesserung der Konzentrationsleistung spricht.

Insgesamt kann gesagt werden, dass die Vermittlung von Entspannung an die Kinder zu einer Verbesserung der Schulleistungen führt. Das ist besonders deutlich dann zu erwarten, wenn die Entspannung von der ganzen Klasse eingesetzt wird.

Stress

Entspannung ist zweifellos eine unverzichtbare Komponente bei der Stressbewältigung – aber nicht die einzige. Lohaus und Mitarbeiter (2007) haben deshalb ein Programm zu Stress bei Kindern mit Entspannungskomponenten erstellt, ebenso Hampel & Petermann (2003).

Asthma

Mehrere Studien, so Gröller (1991) sowie Dobson und Mitarbeiter (2005), konnten durch Entspannung Asthma deutlich verbessern, auch langfristig. Entspannungserfahrene Kinder können zudem drohenden Asthma-Anfällen besser begegnen.

Die Einschätzung von Entspannung zur Besserung von Asthma ist gut, besonders wenn die Anfälle emotional ausgelöst werden und zusätzlich Verhaltensmaßnahmen (vor allem Atemtechniken) zum Einsatz kommen. Der Neigung zur Hyperventilation wird so wirksam gegengesteuert. Mit Entspannung allein sollte Asthma aber nicht begegnet werden. So wurde Entspannung in Kursprogramme für asthmatische Kinder aufgenommen (Szczepanski & Könning 1992 sowie Petermann und Mitarbeiter 1992).

Schlafbezogene Störungen

Für Einschlafprobleme ist Entspannung gut geeignet. Die meisten Entspannungsweisen verlangen eine gewisse Konzentration auf Bilder oder Übungsformen oder eine Atembeobachtung. Das kann Gedankenkreisen unterbrechen. Und die Entspannung führt über ein gedämpftes Erregungsniveau in den Schlaf.

Aber auch für manche schlafbezogenen Probleme kann Entspannung gut sein. So berichten Kohen und Mitarbeiter (1992) über die völlige Beseitigung häufiger Nachtschreck-Episoden (Pavor nocturnus) bei zehn von elf Kindern durch Entspannung und positive Vorstellungen vor dem Zubettgehen und Einschlafen.

Neurodermitis

Stress, auch Angst, führt zu Schwitzen, was den Juckreiz bei Kindern mit Neurodermitis erhöht: Die Kinder kratzen sich vermehrt. Entspannung kann über Stressbewältigung den Juckreiz vermindern und so einen günstigen Einfluss auf die Erkrankung nehmen.

Auch Vorsatzformeln nach dem Autogenen Training können verwendet werden. Interessant ist dabei eine Kühle-Vorstellung anstelle der sonst gebräuchlichen Wärmevorstellung, etwa »Die Haut ist kühl!« Bildhafte Vorstellungen können das unterstützen (etwa auf einer Eisscholle am Nordpol zu liegen oder die Gliedmaßen unter einen kalten Wasserstrahl zu halten). Nach Petermann & Hartmann (2004) senkt auch die Wärmevorstellung im Autogenen Training den Juckreiz.

Neben Entspannung sind verhaltensbezogene Maßnahmen wichtig.

Zur Prävention

Außerhalb der therapeutischen Berufe findet Entspannung als Verfahren zur Prävention ihre Anwendung. Zu diesem Anwendungsfeld bei Kindern gibt es kaum wissenschaftliche Studien. Einflüsse auf besondere Probleme lassen sich eben besser untersuchen als Einflüsse auf die Entwicklung der allgemeinen psychischen und körperlichen Gesundheit.

Dennoch ist die Bedeutung von Entspannungsverfahren hier unumstritten, auch Krankenkassen erkennen das Autogene Training, die Progressive Muskelentspannung und verschiedene fernöstliche Verfahren wie Yoga und Tai-Chi als Maßnahmen zur Vorsorge an. Der Spitzenverband der Krankenkassen schreibt in seinem Leitfaden dazu (GKV Spitzenverband 2010):

»Psychosozialer Stress stellt einen bedeutsamen (mit-)verursachenden, auslösenden oder aggravierenden Faktor für viele der heute sozialmedizinisch besonders relevanten kardiovaskulären, muskuloskeletalen, immunologischen, psychosomatischen und psychischen Erkrankungen dar« (S. 51). »Zur Primärprävention der durch Stress (mit-)bedingten Erkrankungen haben sich Programme des multimodalen Stressmanagements bewährt, die sowohl das Stressbewältigungsverhalten, das Stresserleben als auch die psychophysischen Reaktionen gesundheitsförderlich verändern können« (S. 51 f.). »Zur Primärprävention der mit Stress assoziierten gesundheitlichen Probleme eignen sich auch Entspannungstrainings, bei denen die unter Stress auftretende psychophysische Aktivierung reguliert wird. Entspannungstrainings sind ein Element multimodaler Stressmanagementprogramme, können aber auch als eigenständige Maßnahme durchgeführt werden« (S. 53).

Die breiten Erfolge von Entspannung im therapeutischen Bereich lassen sie als ein ideales Mittel zur Gesundheitsvorsorge erscheinen. Und deshalb ist Entspannung etwas, das nicht nur *manchen*, sondern *allen* Kindern vermittelt werden sollte. Ihre Fähigkeit sich zu entspannen sollte vorsorgend so gestärkt werden, dass sie allzeit über ein Mittel verfügen, mit gesundheitlichen Belastungen besser fertig zu werden. So wie Zähneputzen nicht nur für Kinder mit besonders schlechten Zähnen empfohlen wird, sondern für alle.

Zur Förderung als Grundkompetenz

Wir hatten schon gesehen, dass auch Therapieprogramme Entspannung enthalten. Denn die Fähigkeit zur Regulierung des eigenen Erregungsniveaus kann als eine Grundkompetenz des Menschen verstanden werden, ohne die vieles andere leidet, nicht nur die Gesundheit.

Um andere Kinder besser wahrnehmen zu können und für alternative Verhaltensmöglichkeiten überhaupt zugänglich zu werden, ist beim aggressiven Kind Entspannung sehr hilfreich. Auch das ängstliche Kind kann sich seiner Angst viel besser stellen und andere Verhaltensmuster aufbauen, wenn es entspannt ist, also gelernt hat, sein Erregungsniveau zu beeinflussen.

Entspannungsfähigkeit ist auch in Alltagssituationen von Kindern ohne Verhaltens- oder Gesundheitsprobleme unverzichtbar. Offenbar kann Entspannung die Fähigkeit des Kindes zur Selbstkontrolle stärken. Das trägt zu Verbesserungen in leistungsbezogenen Bereichen bei. Und sie erhöht die Konzentrationsleistung in Schule und Kindergarten. Daraus folgt:

Entspannungsfähigkeit ist grundlegend wichtig für alles Lernen und zur optimalen Präsentation des Gelernten in Prüfungssituationen. Sie erweist sich damit als eine Grundkompetenz, die es bei allen Kindern zu fördern gilt.

Besonderheiten bei Kindern

Kinder lernen Entspannungsübungen leichter und schneller als Erwachsene (siehe S. 15). Wahrscheinlich ist ihr bildhaftes Vorstellungsvermögen besser als das Erwachsener ausgeprägt (das zeigen Singer & Singer 1992 sowie Giambra & Grodsky 1991). Allerdings haben Kinder eine geringere Aufmerksamkeitsspanne und sind leichter ablenkbar. Und Kinder sehen die Notwendigkeit regelmäßigen Übens bzw. des Einsetzens von Entspannung in Stress-Situationen weniger ein als Erwachsene.

Das gilt es zu berücksichtigen, wenn Kinder mit Entspannungsübungen vertraut gemacht werden sollen. Am besten werden sie deshalb spielerisch an die Entspannung herangeführt. Dazu gibt es eine ganze Reihe von Spielen zur Einführung in die Entspannung sowie in einzelne Entspannungsübungen. Wir werden sie kennenlernen.

Bei Kindern hat es sich auch bewährt, die Entspannung zunächst stark von außen anzuleiten. Während der Erwachsene idealerweise gleich mit Vorstellungen in der Ich-Form beginnt (»Ich bin ganz ruhig«, ein Beispiel aus dem Autogenen Training), werden die Übungsformeln vor allem jüngeren Kindern zunächst in Geschichten oder Fantasiereisen verpackt nähergebracht. Das Kind lernt erst nach und nach, Entspannungsübungen für seinen eigenen Alltag nutzbar zu machen. Und diese Umsetzung sollte von außen ebenfalls eingeübt und unterstützt werden. Hierfür gibt es eine Kurzform des Autogenen Trainings, die Atembeobachtung sowie Ruheorte.

Zu berücksichtigen ist bei der Entspannung für Kinder also dreierlei:
- die spielerische Hinführung zur Entspannung
- die zunächst stark ausgeprägte äußere Anleitung der Entspannung
- die Notwendigkeit einer Anleitung zur Übertragung in den Alltag.

2 Übersicht Entspannungsmethoden

Die folgenden Methodenkapitel stellen Ansätze zur Entspannung mit Kindern vor. Diese Ansätze sind oft sehr verschieden, auch entstammen sie unterschiedlichen Traditionen der Psychologie, der Pädagogik, der Medizin.

Zuerst widmen wir uns Stillemomenten, die als Hinführung zur Entspannung verwendet werden können und mit denen sich immer wieder der Alltag in Richtung Entspannung und Konzentration durchbrechen lässt.

Es folgen ab S. 37 die klassischen Verfahren der Entspannung für Kinder. Sie werden den Kern einer Entspannungsstunde oder eines Entspannungsprojekts bilden.

Dann sind noch einige Möglichkeiten beschrieben, Kinder spielerisch in Richtung Entspannung und Konzentration zu führen. Diese können als Auflockerung in einer Entspannungsstunde oder zur Unterbrechung des Alltags eingesetzt werden.

Die im Buch enthaltenen Methoden sind leicht erlernbar. Auf asiatische Methoden wie Tai-Chi, die jahrelanges Üben voraussetzen, wird verzichtet, aus dem Kinder-Yoga stelle ich nur einige leichtere Übungen vor.

Die meisten Methoden gibt es auch für Erwachsene. Dieses Buch beschäftigt sich aber nur mit Umsetzungen für Kinder von etwa 3 bis 8 Jahren.

Alle Methoden möchten Entspannung erreichen. Nur ihre Ansatzpunkte unterscheiden sich. Neurophysiologisch hatten wir das Zentrale Nervensystem, das Vegetative Nervensystem und das Somatische Nervensystem identifiziert (siehe »Entspannungszugänge« S. 18). Für die Praxis bietet sich eine Unterscheidung an, ob eine Methode in erster Linie die Wahrnehmung anspricht, innere Vorstellungen hervorruft oder über Veränderungen körperlicher Zustände wirkt.

Zugänge zur Entspannung

Wahrnehmung: Konzentration auf die *Wahrnehmung* sind der Kern von Stillemomenten, der Atembeobachtung, des Yoga, der Massage, auch der Progressiven Muskelentspannung.
Innere Vorstellungen: Über *innere Vorstellungsbilder* führen Fantasiereisen und Ruheorte zur Entspannung. Vorstellungen werden auch im Autogenen Training verwendet, allerdings weniger Bilder als vielmehr Begriffe, die mit Entspannung verknüpft sind.
Körperliche Veränderung: Aktive Veränderungen des körperlichen Zustands, meist im Sinne von Verlangsamung, werden für viele Entspannungsspiele, für die Kombination von Entspannung und Bewegung, für meditativen Tanz und für Entspannungslieder genutzt. Auch hier haben Yoga und Progressive Muskelentspannung Anteil.

Oft nutzen einzelne Methoden mehrere dieser Zugänge. Die Progressive Muskelentspannung verlangt eine aktive Anspannung der Muskulatur, deshalb steht sie bei »körperliche Veränderung«. Ziel der Anspannung ist es, eine Wahrnehmung des Unterschieds von Anspannung und Entspannung zu ermöglichen. So steht sie auch unter »Wahrnehmung«. Auch Yoga ist beiden Zugängen zuzuordnen.

Gleichgültig welchen Zugang sie nehmen, alle Methoden möchten die Kinder in Richtung Entspannung führen. Und sie können dieses Ziel im Ergebnis auch durchaus vergleichbar erreichen. So handelt es sich nicht darum, das »beste« Entspannungsverfahren herauszufinden, sondern das, was in der jeweiligen Situation mit ihren Bedingungen und Möglichkeiten am besten passt.

Auch sollte Kindern eine gewisse Vielfalt geboten werden. Die einzelnen Methoden sprechen jedes Kind unterschiedlich gut an. Wenn ein Kind sich auf den einen Zugang nicht einlassen kann, dann vielleicht auf einen anderen.

Es ist grundsätzlich gut, ein Thema von vielen Seiten anzusprechen – ähnlich wie wir gelernt haben, uns zu bewegen: nicht mit der einen und einzig richtigen Methode, sondern indem wir alles Mögliche taten, alles was »ging«, auch Krabbeln, Hüpfen, Springen, Stolpern, und nun können wir nicht nur gehen, sondern auch tanzen.

Nun zu den Methoden im Einzelnen. Am Anfang jeden Abschnitts wird die Methode vorgestellt, dann folgt ein Grundbestand an Materialien, der zur Gestaltung erster Entspannungsstunden verwendet werden kann.

3 Hinführung: Stillemomente

Ein Kind lernt Stille vor allem negativ kennen: Es soll »still sein«, also nicht reden, »still sitzen«, also sich nicht einmal bewegen. Weil andere das wollen, weil das Kind Erwachsene sonst stört. Kinder lernen Stille also fast nur als etwas kennen, das sie nicht können, andere aber von ihnen verlangen, weil es deren Bedürfnissen entgegenkommt. Ihren eigenen allerdings nicht. Stille kann bei Kindern deshalb einen negativen Beigeschmack haben.

Die positiven Qualitäten von Stille bewusst zu erleben, ist der Ansatz von Stillemomenten.

Wenn wir still sind, wenn es still um uns herum ist, horchen wir auf, achten wir mehr auf das, was um uns herum geschieht. Alle unsere Sinne werden aktiver, bewusster. Was im Lärm und Trubel leicht untergeht, in der Stille nehmen wir es wahr. In der Stille kann sich Konzentration entwickeln, Lärm schadet ihr.

Stillemomente versuchen, Stille über kleine Aufgaben herzustellen. Wir schließen etwa die Augen und versuchen uns alles zu merken, was wir hören. Das ist interessant. Und die Aufgabe stellt Stille selbst her, es ist unnötig, sie von den Kindern zu verlangen. »Sei still!«, so etwas färbt Stille negativ und weckt Widerstände.

Stille und Entspannung sind einander nahe. In einer stillen Umgebung sind wir entspannter als in einer lauten. Herstellung von Stille dient in der Regel deshalb auch der Entspannung.

Stillemomente sollten aber nicht als Knopfdruck-Methode verstanden werden, um schnell Ruhe und Entspannung zu erreichen. Wenn Stillemomente auch Stille herstellen und damit Entspannung und Konzentration fördern – hinterher wird es zunächst lauter sein als zuvor. Wir wollen uns ja über das austauschen, was wir in der Stille erlebt haben, was etwa bei geschlossenen Augen alles zu hören war.

Stillemomente sollten deshalb als ein Weg betrachtet werden, den wir gehen, nicht als eine Methode, mit der man schnell etwas Bestimmtes erreicht.

Mitarbeiter aus Schulen und Kindergärten berichten immer wieder: Wenn Stillemomente regelmäßig eingesetzt werden, beruhigen sich die Gruppen insgesamt, über die einzelnen Stillemomente hinaus. Als würde es mit der Zeit gelingen, eine größere Offenheit und Interessiertheit der Kinder an Erlebnisräumen zu wecken, die still und entspannt sind.

Selbstverständlich bedeutet die Verwendung von Stillemomenten nicht, dass Kinder (und Erwachsene) *immer* ruhig und konzentriert sein sollten. Der Trubel, die schnelle Bewegung, auch der Lärm, gehören dazu. Stillemomente versuchen allerdings, in diesem Meer Inseln zu schaffen, um Kindern auch die ruhigen Aspekte nahezubringen, um ihre Wahrnehmung und Konzentration zu schärfen.

Selbst jüngste Kinder können grundsätzlich an Stillemomenten teilnehmen. Wenn ein Säugling einem Ton lauscht, der hinter ihm erzeugt wird, dabei ganz zu schreien vergisst, stattdessen hochkonzentriert zu lauschen scheint, ist das nichts anderes als ein Stillemoment. Und sie sind auch für ältere Kinder, selbst für Erwachsene, interessant, für eine einzelne Person, eine kleine oder eine größere Gruppe, im Grunde gibt es keine Begrenzung.

Stillemomente können gut zwischen zwei Aktivitäten stattfinden. Sie haben so auch eine Signalwirkung: Etwas ist zu Ende, wir gehen nun in die Stille – und danach beginnt eine neue Aktivität. Solche Wechsel helfen dabei, dass Kinder ihr Aktivitätsniveau bewusster erleben – und so nach und nach auch unter bessere Selbstkontrolle bekommen. Dass sie auch mal selbst innehalten können und nicht immer nur von ihrer Umgebung oder ihren Impulsen angetrieben werden.

Wenn sich Stillemomente aus der Situation heraus entwickeln lassen, ist das besonders gut. Vielleicht wollten wir ins Freie, aber es hat zu regnen begonnen. Nun machen wir einen Stillemoment daraus: Wir lauschen ein, zwei Minuten mit geschlossenen Augen dem Regen.

So sind Stillemomente auch entstanden. Maria Montessori hat wohl die ersten schriftlichen Aufzeichnungen darüber hinterlassen:

»Ich nehme verschiedene Positionen ein – stehe, sitze – *unbeweglich, schweigsam*. [...] Ich rufe ein Kind und fordere es auf, mir dies nachzutun: Es bringt den Fuß in eine bessere Lage, und schon entsteht ein Geräusch; es bewegt einen Arm, und auch das gibt ein Geräusch; sein Atem ist noch nicht ganz lautlos, ruhig, ganz unhörbar wie meiner. [...] Dann wetteifern sie alle darin, mich nachzuahmen, und versuchen, es mir gleichzutun. Ich stelle fest, daß sich hier und dort ein Fuß fast unmerklich bewegt. In dem sehnlichen Willen, die Unbeweglichkeit zu erreichen, lenken die Kleinen ihre Aufmerksamkeit auf alle Teile des Körpers. Während sie sich in diesem Bemühen versuchen, entsteht wirklich eine *Stille*, die anders ist als das, was man gewöhnlich darunter versteht: Es scheint, das Leben allmählich verschwindet, sich der Saal nach und nach leert, als befände sich keiner mehr darin. Dann beginnt man das *Ticken* der Wanduhr zu vernehmen, und mit der langsam absolut werdenden Stille scheint dieses *Ticken an Intensität zu gewinnen*. Von draußen, vom Hof, der still erschien, kommen nun verschiedene Geräusche – ein zwitschernder Vogel, ein vorbeigehendes Kind. Die Kleinen sind von dieser Stille fasziniert, als hätten sie einen wirklichen Sieg errungen. ›So‹, sagt die Leiterin, ›jetzt ist alles ruhig, als sei niemand mehr da.‹« (Montessori 1913/1969, aus dem Abschnitt »Die Stille«)

Hier einige Stillemomente. In dieser Art können Sie leicht eigene entwickeln.

 ## Stecknadel hören

Die Redensart »Es ist so still, dass man eine Stecknadel fallen hören könnte« – kann die stimmen? Ist es möglich, eine Stecknadel fallen zu hören? Wir probieren es aus. Eine Stecknadel wird vorgezeigt. Dann schließen die Kinder die Augen. Eine Triangel markiert Beginn und Ende des Stillemoments. Irgendwann zwischen den beiden Anschlägen lässt der Leiter die Stecknadel fallen. Anschließend wird darüber geredet.
Üblicherweise ist das Fallen der Stecknadel gut zu hören. Dann kann darüber geredet werden, ob das auf anderem Bodenbelag anders wäre, und wir können den Stillemoment wiederholen, mit Schals oder Pullovern als Unterlage.

 ## Offenes Fenster

Ein Fenster wird geöffnet. Wir schließen die Augen. Mit einer Triangel wird Beginn und Ende des Stillemoments angezeigt. Zwischen den Anschlägen lauschen wir auf alles, was wir hören, draußen und drinnen – wir behalten es aber noch für uns, merken es uns. Anschließend wird gesammelt, was alles zu hören war.
Die Aufgabe kann variiert werden: Wir hören nur auf das, was von draußen kommt.

 ## Verklingender Ton

Eine Klangschale wird angeschlagen. Wir lauschen mit geschlossenen Augen auf den langsam verklingenden Ton. Wer den Ton nicht mehr hören kann, öffnet die Augen. Anschließend wird darüber geredet: *»Was ist euch beim Ton aufgefallen? War er immer gleich? Hat er sich mit der Zeit verändert?«*

 ## Stillelicht

Jedes Kind bekommt ein Glas mit einem Teelicht darin. Nach und nach entzünden die Kinder ihre Teelichter an einer großen Kerze in der Raummitte. Aufgabe: Wer seine Kerze entzündet hat, schweigt. Wenn die Kerze entzündet ist, setzt das Kind sich wieder an seinen Platz und achtet auf seine Kerze, bis alle Teelichter brennen. Dann betrachten wir alle zusammen ein oder zwei Minuten lang die Kerzen.

Tickender Wecker

Wir suchen uns einen alten Wecker oder einen Küchenwecker und stellen ihn auf eine Klingelzeit ein, die höchstens fünf Minuten in der Zukunft liegt. Dann verstecken wir ihn im Raum. Die Kinder sollen ihn nun suchen, indem sie auf das Ticken achten.

 ## Stille-Steine

Wir haben eine Anzahl Steine gesammelt, kieselgroß, dass sie also gut in eine Hand passen. Jedes Kind bekommt einen Stein. Aufgabe ist, mit geschlossenen Augen die Stille im Stein zu spüren.
Nach etwa einer Minute ertönt eine Triangel als Zeichen, die Steine zu wechseln: Jeder gibt seinen Stein dem rechten Nachbarn und nimmt vom linken Nachbarn dessen Stein. So wird der Stillemoment einige Male mit immer neuen Steinen wiederholt. Wenn es genug ist, ertönt wieder die Triangel, und jeder legt seinen Stein vor sich, dass alle ihn sehen können. Dann wird gesprochen: War in den Steinen Stille zu spüren? Wenn ja, wie fühlte sich das an? War Stille in jedem Stein oder nur in manchen?

 ## Spiegelbild

Immer zwei Kinder stehen sich gegenüber. Das eine macht langsame Bewegungen vor (auch Mimik), das andere ist sein Spiegel, es macht alle Bewegungen genauso langsam nach. Beide schweigen dazu. Nach einiger Zeit wird getauscht.
Als Variation gibt die Anleitung Themen vor, die vom ersten Kind umgesetzt werden sollen, immer schweigend, etwa »Fröhlichkeit«, »Ärger«, »Traurigkeit«.

 ## Eine Minute

Wie lang dauert eine Minute? Wir schließen die Augen. Die Spielleitung schlägt auf der Triangel einen Ton an. Wer glaubt, eine Minute sei um, öffnet die Augen, verhält sich aber ganz ruhig. Wenn alle die Augen geöffnet haben (oder spätestens nach zwei Minuten, mit einem Signal der Triangel) ist der Stillemoment zu Ende.

 **Luftballon**

Ein aufgeblasener Luftballon (je nach Anzahl der Kinder auch mehrere, damit die Wartezeiten nicht zu lang sind) geht durch den Kinderkreis. Jedes Kind betastet ihn mit geschlossenen Augen.
So können auch andere Gegenstände durch den Kinderkreis gegeben und mit geschlossenen Augen betastet werden.

 Figuren schreiben

Wir stehen im Kreis, hintereinander, sodass jedes Kind den Rücken eines anderen vor sich hat. Ein Kind beginnt und malt mit dem Finger auf den Rücken vor ihm eine einfache geometrische Figur. Die möglichen Figuren sollten vorher besprochen worden sein: Strich, Kreis, Halbkreis, Viereck, Dreieck, »Z«. Das Kind, auf dessen Rücken gemalt wurde, rät, was für eine Figur es war. Und macht dann auf den Rücken des Kindes vor ihm etwas anderes. So geht es weiter, bis alle Kinder dran waren.

4 Klassische Entspannungsmethoden

Autogenes Training und Progressive Muskelentspannung gelten als die beiden klassischen Entspannungsverfahren. Inzwischen lassen sich auch Fantasiereisen und Ruheorte sowie Methoden der Atementspannung diesen Entspannungsverfahren im engeren Sinne zuordnen. Wenn in Schule oder Kindergarten nicht nur nebenher auch mal ein Entspannungsspiel gemacht, sondern Entspannung als Thema angesprochen wird, sollte zumindest eines dieser Verfahren im Mittelpunkt stehen. Entspannungsgeschichten und Merksprüche sind gleichfalls in diesen Teil des Buchs aufgenommen, da gerade für jüngere Kinder Entspannung nach verschiedenen Methoden wie etwa dem Autogenen Training oder der Atementspannung ganz in solche Geschichten aufgelöst werden kann.

Zu Einstimmung und Ausklang

Bei den klassischen Entspannungsweisen sind eine Einstimmung und ein Ausklang sinnvoll. Unten sind solche Einstimmungen für das Sitzen und das Liegen aufgeführt. Und ein Ausklang, der für Sitzen und Liegen gleichermaßen verwendet werden kann.

 ### Einstimmung für das Sitzen

»*Setzt euch bequem hin, die Beine stehen nebeneinander. Schließt die Augen.* (Wer die Augen noch nicht schließen möchte, lässt sie ruhen, an einem Fleck auf dem Boden.) *Du hörst die Geräusche um dich, du spürst unter dir den Boden. Die Geräusche werden immer gleichgültiger. Bald sind sie ganz gleichgültig ...*«

 ### Einstimmung für das Liegen

»*Legt euch bequem hin, auf den Rücken, Arme und Beine liegen neben dem Körper, sie überkreuzen sich nicht. Schließt die Augen.* (Wer die Augen noch nicht schließen möchte, lässt sie ruhen, an einem Fleck an der Decke.) *Du hörst die Geräusche um dich, du spürst unter dir den Boden. Die Geräusche werden immer gleichgültiger. Bald sind sie ganz gleichgültig ...*«

 **Ausklang**

»Und nun kommen wir zum Ende. Du spürst wieder den Raum um dich, mit den anderen, und all den Geräuschen. Wer bereit ist, reckt und streckt sich und öffnet die Augen. Wir setzen uns auf.«

Wenn eine formelle Sitz- oder Liegehaltung gelernt wurde und eingenommen werden soll (siehe S. 129), kann sie noch einmal in der Einstimmung erinnert werden.

Bei den jeweilgen Methoden ist vermerkt, wo Einstimmung und Ausklang sinnvoll sind. Dann wird auf diese Seite verwiesen.

Fantasiereisen

Fantasiereisen (oder *Traumreisen*) sind bildhafte Vorstellungen, mit Beschreibungen der Natur oder wenig bewegter kultivierter Umgebung. Beschrieben wird etwa ein Feldweg, ein See, eine Wiese, eine alte Scheune, das Abstellgleis eines Bahnhofs. Fantasiereisen werden laut vorgetragen, die Kinder sollen sich alles mit geschlossenen Augen vorstellen und es nacherleben.

Vortragssituation

Fantasiereisen können mit einzelnen Kindern, mit kleinen und mit größeren Gruppen durchgeführt werden. Sie sind altersunabhängig: Sowohl ganz junge Kinder (sofern sie Sprache verstehen) als auch ältere, und auch Erwachsene kommen gut mit ihnen zurecht.

Zur Einstimmung und zum Ausklang von Fantasiereisen können die Beispiele auf S. 37f. genommen bzw. abgewandelt werden. Zusätzlich erwähnt werden sollte sinngemäß:

»Was uns von den Bildern der Fantasiereise besonders gefällt, das stellen wir uns besonders gut vor. Wenn uns etwas nicht gefällt oder uns etwas einfällt, das wir nicht mögen, dann lassen wir das einfach weg.«

Zusätzlich können auch noch Signale verwendet werden, um die Kinder darauf vorzubereiten, dass jetzt gleich eine Fantasiereise beginnt. So kann eine bestimmte Kerze angezündet werden, oder ein Stillemoment (etwa das Anschlagen einer Klangschale) wird als sinnliche Vorbereitung genutzt.

Die Augen sind beim Hören möglichst geschlossen. Wenn sich die Kinder dazu hinlegen, ist es besonders gut. Am besten, sie liegen auf dem Rücken. In dieser Haltung können sie es auf Matten oder dem Boden am bequemsten aushalten werden, ohne ständig die Lage wechseln zu müssen.

Fantasiereisen sollten nicht so straff und flüssig wie »normale« Geschichten vorgetragen werden, sondern langsamer, mit Pausen zwischen den Absätzen, um den Kindern mehr Raum für das eigene Erleben zu geben. Je gewohnter Fantasiereisen den Kindern bereits sind, umso länger können die Pausen werden. Bei älteren Kindern können die Pausen länger sein als bei jüngeren.

Nach einer Fantasiereise kann mit den Kindern über ihr Erleben gesprochen werden. Oder es werden frei Themen aus der Fantasiereise gemalt.

Charakteristiken von Fantasiereisen

In Fantasiereisen passiert nicht viel, Spannung soll gerade keine aufkommen, das Wesentliche sind stark sinnliche Eindrücke. Die Wahrnehmung steht also im Vordergrund, weniger Überlegungen oder wichtige Ereignisse. Alles ist ruhig, wenn etwas geschieht, geschieht es langsam und ohne Überraschungsmoment. Selbst wenn eine Geschichte erzählt wird, ist nicht diese wichtig, im Vordergrund steht die Beschreibung der kleinen Dinge, die entsprechende bildhafte Vorstellungen bei den Kindern anregen soll.

Dabei ist es nicht entscheidend, dass die bildhaften Vorstellungen der Kinder sich hundertprozentig an den vorgegebenen Beschreibungen orientieren. Die Richtung ist wichtig: das Wecken von Naturbildern, die Empfindung von Ruhe, Langsamkeit, Konzentration. Die Worte können dazu je nach Kindergruppe durchaus verändert, an den Entwicklungsstand und die Kenntnisse der Kinder angepasst werden. So lassen sich Fantasiereisen je nach Alter und Auffassungsgabe der Kinder ohne Weiteres kürzen oder erweitern.

Naturbilder eignen sich für Fantasiereisen besonders gut, da im menschlichen Erleben Natur mit Langsamkeit und Ruhe verbunden ist. Entspannung und Harmonie können so durch Naturbeschreibungen besonders leicht und zwanglos hervorgerufen werden.

In den Fluss der Fantasiereise eingestreut oder als Abschluss können auch Formeln aus dem Autogenen Training verwendet werden, die gleichfalls eine starke Verknüpfung zur Entspannung aufweisen. Fast immer werden dazu die Ruheeinstimmung, die Schwere-, die Wärme- und die Atemformel verwendet (Beispiele siehe unten).

Musikbegleitung, Probleme, Erfolg

Ob Hintergrundmusik laufen sollte, ist umstritten. Manche Leiter beobachten durch Musik eine Vertiefung der Entspannung. Andere lehnen Musikbegleitung ab, mit dem

Argument, dass Reizüberflutung dem Sinn von Entspannung zuwiderlaufe. Fantasiereisen könnten gerade wegen einer gewissen Reizarmut die Vorstellungen der Kinder anregen.

Vor Beginn einer Fantasiereise Musik als Einstimmung laufen zu lassen, und vielleicht auch noch nach dem Ende (vor dem *Ausklang* von S. 38), kann bestimmt nicht schaden und führt die erreichte Entspannung noch ein bisschen weiter.

Der Einstieg in Fantasiereisen läuft nicht immer problemlos. Die ungewohnte Lese- und Hörsituation mit den Pausen und der wenig »fesselnden« Geschichte kann manche Kinder verunsichern. Sie reagieren dann so wie auch in anderen für sie neuen Situationen: Sie kichern, stupsen sich gegenseitig an, schauen immer wieder auf. Wenn sie Fantasiereisen kennen, verliert sich das. Da gilt es eben, wie bei manch anderem Neuen, zunächst etwas Geduld aufzuwenden. Das wird sich lohnen, denn Fantasiereisen sind eine der besten Entspannungsweisen.

Der Erfolg sollte deshalb nicht an der einen durchgeführten Fantasiereise gemessen werden. Wie alles, was tief wirken will, benötigen Fantasiereisen Wiederholung. Wenn Fantasiereisen regelmäßig durchgeführt werden (das heißt wenigstens wöchentlich), dann, so zeigen viele Rückmeldungen aus Kindergärten und Schulen, kann nach und nach mit einer allgemeinen Beruhigung der Gruppen gerechnet werden, über die einzelne Fantasiereise hinaus.

Hier sind zwölf Fantasiereisen. Eine größere Sammlung findet sich in Friebel 2012. Im Anschluss kommt noch eine besondere Form der Fantasiereise, die *Erinnerungsreise*.

Alte Burg

»Von der alten Burg stehen nur noch ein paar Mauern und ein Turm. Das Dach der Burg ist verschwinden. Nur auf dem Turm wurde ein neues Dach errichtet.
Du gehst durch den Torbogen in das Innere der Burg. Der Boden ist uneben, zwischen den Steinen wächst Gras.
Dort ist ein Lagerplatz errichtet. Ein paar Holzbänke stehen um eine Feuerstelle. Aber niemand ist hier.
Du trittst an die Feuerstelle. Halb verkohltes Holz liegt zwischen den Steinen. Und Asche. Ein leichter Wind wirbelt Ascheflocken hoch und bläst sie ein Stück über den Boden.
Auch ein Schmetterling wirbelt im Wind. Er schlägt einen Bogen und landet auf einem Mauerrest.
Vom Wald her klingen Vogelstimmen. Tauben gurren. Und eine Amsel jubelt ihr Lied. Die Ruhe der alten Burg liegt über allem.
An einem Mauerrest ist Efeu gewachsen. Bienen summen dort auf der Suche nach Nektar.

Du schaust über die Mauer auf das weite Land. Felder siehst du dort liegen, und hier und da das Rot von Dächern des Dorfes.
Der Himmel ist weit. Die Ruhe des Himmels und die Ruhe der alten Burg.
Alte Bäume wachsen zwischen den Mauern. Auch an einem von ihnen ist Efeu hochgeklettert. Du spähst hoch, bis in den Wipfel des Baums.
Ein Eichhörnchen späht zurück. Es klammert sich ganz ruhig an den Stamm des Baums. Auch du bist ganz ruhig. Ihr schaut euch an. Du spürst die Ruhe im Eichhörnchen, und du spürst die Ruhe in dir.
Dein Atem geht ein und aus, ein und aus, ganz ruhig und gleichmäßig, ganz von allein. Du spürst die Ruhe und die Kraft tief in dir wachsen.«

Felsen im Waldbach

»*Im Waldbach liegt ein Felsen. Vor langer Zeit ist er aus dem Hang herausgebrochen und in den Bach gestürzt. Viele Jahre ist das schon her, und seither hat er sich nicht mehr bewegt.*
Wasser strömt um den Felsen herum. Es ist ganz klar. Sein immerwährendes Murmeln ist wie ein Lied. Der Felsen ist im Lied des Wassers geborgen.
Auf dem Felsen ist Moos gewachsen. Im Moos sitzt ein Vogel. Der Vogel neigt den Kopf und schaut auf das strömende Wasser ringsum. Er pfeift ein paar Töne – dann fliegt er davon und verschwindet im Wald zwischen den Bäumen.
Auf dem Wasser kommt ein Blatt geschwommen. Irgendwo bachaufwärts muss es in das Wasser gefallen sein. Nun schießt es über die Schnellen des Bachs. Nun tanzt es auf dem strömenden Wasser.
An einer stillen Stelle liegt es ganz ruhig. Und treibt dann doch weiter. Bald verschwindet es um die Biegung des Waldbachs.
Auf dem Felsen ruht Licht. Es scheint ganz still zu sein. Aber ganz, ganz langsam bewegt sich die Sonne am Himmel, und die Schatten bewegen sich, auch ganz langsam.
Spürst du die Klarheit des Waldbachs? Spürst du die Ruhe des Felsens im Bach?
Ein Schmetterling tänzelt über das Wasser. Über den Felsen fliegt er hin. Am Ufer stehen Blumen. Auf eine setzt er sich und wippt mit den Flügeln.
Der Schmetterling ist davongeflogen. Der Felsen ist immer noch da. Das Wasser strömt immer noch um ihn herum.
Hör auf das Rauschen des Wassers. Du spürst seine Ruhe und seine Kraft auch in dir.«

 **Die Garage**

»Die Garage hat schon viele Jahre kein Auto gesehen. Aber ein Fahrrad steht hier, genau in der Mitte. Das Fahrrad ist blitzblank geputzt. Jeden Tag wird es benutzt.
Andere Sachen liegen schon jahrelang hier. Da ist ein alter Schlitten. Die Kufen sind angerostet. Er ist lange nicht mehr gefahren.
Auch ein Paar Skier steht in einer Ecke.
An den Wänden der Garage sind Besen, Schaufeln und Hacken befestigt. Sogar eine Sense hängt dort, zum Mähen von langem Gras. Ein Werkzeugkasten steht darunter.
Bretter liegen gestapelt. Und Holzscheite lagern hier, in hohen Reihen. Auch ein Holzkorb ist da.
Eine Tischtennisplatte lehnt zusammengeklappt an der Wand der Garage. Die Schläger liegen auf einem Holzregal. Zwei Federballschläger und ein paar Federbälle liegen daneben.
»Ausfahrt freihalten« steht auf dem Schild am Garagentor. Aber zwischen den Steinen des Weges zur Straße hat der Löwenzahn seine Blüten geöffnet. Hier und da ist er verblüht und zur Pusteblume geworden. An den paar losen Schirmchen einer silbernen Kugel zerrt der Wind.
Ein Windstoß pflückt ein paar Schirmchen vom Löwenzahn und bläst sie hoch in den Himmel.
Noch höher segeln dort Schwalben. Und weiße Wolken treiben, ganz still.
Das Kätzchen ist über die Steine gekommen. Es schnuppert an einer Pusteblume. Es stupst die Pusteblume mit seiner Nase an. Ein paar silberne Schirmchen lösen sich und treiben davon. Das Kätzchen schaut ihnen nach.
Dann legt es sich neben den Löwenzahn. Wohlig räkelt das Kätzchen sich – und schließt seine Augen.
Da liegt das Kätzchen – ganz ruhig. Kannst du die Ruhe des Kätzchens spüren? Die Ruhe ist überall in ihm. – Schwer sind die Pfoten des Kätzchens, ganz schwer. Fühlst du, wie schwer seine Pfoten sind? Das Kätzchen ist schwer, ganz schwer. – Und warm sind die Pfoten des Kätzchens, schön warm. Fühlst du, wie warm sie sind? Die Wärme strömt durch seinen ganzen Körper. Das Kätzchen ist warm, schön warm. – Sein Atem geht ein und aus, ein und aus, ganz ruhig und gleichmäßig, ganz von allein. – Das Kätzchen ist ruhig, schwer und warm – ruhig, schwer und warm. – So liegt das Kätzchen ein Weilchen und ruht sich aus. Es ruht sich aus und fühlt die Ruhe und die Kraft tief in sich wachsen.«

 **Weg durch den Wald**

»*Stell dir vor, du gehst einen Weg durch den freundlichen Wald.*
Hohe Bäume werfen Schatten, zwischen denen das Licht tanzt. Mal trittst du in den Schatten, mal in das Licht.
Unter den Füßen spürst du Steine des Waldwegs und auch das Gras. Das langsame Gehen tut gut – du setzt Schritt vor Schritt.
Vögel pfeifen in den Wipfeln ringsum. Tauben gurren. Von fern ist ein Kuckuck zu hören.
Raschelt am Wegrand eine Maus im Gras? Oder ist es eine Eidechse? Du gehst weiter, mit gleichmäßigen Schritten.
Überall im Wald ist eine tiefe Ruhe. Du spürst die Ruhe ringsum. Spürst du die Ruhe auch in dir?
Am Wegrand sind gefällte Baumstämme aufgeschichtet. Du setzt dich auf einen mächtigen Stamm. Ein Schmetterling flattert vorbei. Die Stämme sind so schwer – der Schmetterling ist leicht, ganz leicht.
Die Äste der Buchen bewegen sich ganz leicht im Wind. Ein Eichhörnchen läuft den Baum vor dir hinauf. Von halber Höhe betrachtet es dich mit seinen großen Augen. Du schaust zurück, bist ganz still. Auch das Eichhörnchen ist still. – Dann springt es weiter und verschwindet in der Baumkrone.
Du gehst weiter deinen Weg. Ein Bächlein sprudelt zwischen den Bäumen. Du überquerst es auf einem Steg. Die silbernen Wellen unter dir ... Vielleicht bewegen sich dort auch Forellen.
Bald öffnet sich der Wald und gibt einen Ausblick auf die Wiesen frei. Du bleibst stehen und schaust auf das weite Land. Vielleicht sind weit hinten Hügel zu sehen.
Du legst dich eine Weile in das weiche Gras einer Wiese.
Überall kleine Geräusche um dich – sie stören dich nicht.
Du spürst die Ruhe überall um dich, und du spürst die Ruhe auch in dir.
Du spürst die Schwere in dir. Du bist angenehm schwer.
Du spürst die Wärme in dir. Du bist angenehm warm.
Dein Atem strömt ein und aus, ein und aus, ganz ruhig und gleichmäßig, ganz von allein.
So liegst du im weichen Gras einer Wiese am Rand deines Walds. Du spürst die Ruhe und die Kraft tief in dir wachsen.«

 Rund um das Haus

»*Am Haus steht ein Kirschbaum. In den Zweigen haben Vögel ein Nest gebaut. Junge sind geschlüpft, die schreien nun und sperren ihre Schnäbelchen auf. Gerade fliegt einer*

der Alten heran, er hüpft ins Nest und füttert die Jungen. Einen Augenblick hält der Vogel inne – dann breitet er die Flügel aus und verschwindet wieder im Himmel.
Die Regentonne ist gut gefüllt, denn es hat viel geregnet die letzten Tage. Aber nun scheint die Sonne. Wenn du dich über die Tonne beugst, siehst du dein Gesicht. Und einen wippenden Zweig des Kirschbaums. Und vielleicht noch eine ziehende Wolke.
An der Hauswand ranken Rosen empor, an einem Holzgerüst. Wenn du genau darauf achtest, riechst du vielleicht ihren Duft.
Bienen summen, die eine da hat schon gelbe Strümpfchen von den Pollen der Blumen. Bald fliegt sie heim in den Bienenstock. Wie schwer sie mit ihrer Last fliegt! Fast scheint es, als würde sie taumeln.
Im Gras hockt ein Frosch. Er bewegt sich überhaupt nicht, denn er ist aus Ton gemacht. Gänseblümchen blühen um ihn. Ein Windrad steckt in die Erde.
Das Windrad dreht sich ganz langsam, so wie der leichte Wind weht. Jetzt hört es zu drehen auf – jetzt dreht es sich wieder.
Steinplatten sind in den Rasen gelegt, die führen bis ans Gartentor. Das Gartentor steht halb offen.
Über den Gartenzaun fliegt ein Marienkäfer und verschwindet im Nachbargarten.
Auf der Straße parken Autos.
Das Kätzchen stolziert durch das Gartentor. Es schnuppert an einem Schneckenhaus. Es schaut sich um. Dann schleicht es sich unter ein Auto und macht es sich dort gemütlich. Hier ist es ruhig, und der Asphalt ist schön warm.
Das Kätzchen schließt seine Augen und lauscht auf alles um sich herum.
Da liegt das Kätzchen – ganz ruhig. Kannst du die Ruhe des Kätzchens spüren? Die Ruhe ist überall in ihm. – Schwer sind die Pfoten des Kätzchens, ganz schwer. Fühlst du, wie schwer seine Pfoten sind? Das Kätzchen ist schwer, ganz schwer. – Und warm sind die Pfoten des Kätzchens, schön warm. Fühlst du, wie warm sie sind? Die Wärme strömt durch seinen ganzen Körper. Das Kätzchen ist warm, schön warm. – Sein Atem geht ein und aus, ein und aus, ganz ruhig und gleichmäßig, ganz von allein. – Das Kätzchen ist ruhig, schwer und warm – ruhig, schwer und warm. – So liegt das Kätzchen ein Weilchen und ruht sich aus. Es ruht sich aus und fühlt die Ruhe und die Kraft tief in sich wachsen.«

 Im Sägewerk

»Das Sägewerk liegt am Rand der Siedlung. Dort werden Baumstämme zu Brettern und Balken geschnitten. In großen Stapeln lagert überall Holz.
Gerade verlädt ein Kran Bretter auf einen Lastwagen. Wie vorsichtig die Männer die Bretter behandeln! Stapel um Stapel wächst die Ladung des Lastwagens. Nun ist es genug – die Männer besprechen sich noch und verabschieden sich dann. Ein Mann steigt

in den Lastwagen. Er startet den Motor und fährt los, ganz langsam und vorsichtig. Auf der Landstraße nimmt er Fahrt auf und verschwindet um eine Kurve.
Im Sägewerk ist wieder Ruhe eingekehrt. Alle Sägen stehen still.
So hört man vom Wald her das Singen der Vögel. Und gerade beginnen die Glocken der Kirche zu läuten.
Ein blauer Schmetterling flattert von den Wiesen herein. Er setzt sich auf einen Stapel Bretter und klappt seine Flügel auf.
Der Geruch des Holzes. Vielleicht ist noch ein bisschen Geruch vom Benzin des Lasters dabei.
Zwischen zwei Stapeln ganz hinten sind Blumen erblüht. Der Schmetterling ist vom Holzstapel herübergeflogen. Nun setzt er sich auf eine Blume. Der Blumenstängel schwankt unter seinem Gewicht. Und doch ist der Schmetterling ganz leicht. Unter seiner Schwere aber biegt sich der Stängel der Blume.
Warmes Sonnenlicht liegt auf dem Holz.
Das Kätzchen stolziert an einem langen Holzstapel entlang. Es springt auf den Stapel und steigt ganz hinauf. Von hier kann es über das ganze Sägewerk sehen.
Das Kätzchen legt sich hin. Es blinzelt ins Licht. Es schließt seine Augen.
Da liegt das Kätzchen – ganz ruhig. Kannst du die Ruhe des Kätzchens spüren? Die Ruhe ist überall in ihm. – Schwer sind die Pfoten des Kätzchens, ganz schwer. Fühlst du, wie schwer seine Pfoten sind? Das Kätzchen ist schwer, ganz schwer. – Und warm sind die Pfoten des Kätzchens, schön warm. Fühlst du, wie warm sie sind? Die Wärme strömt durch seinen ganzen Körper. Das Kätzchen ist warm, schön warm. – Sein Atem geht ein und aus, ein und aus, ganz ruhig und gleichmäßig, ganz von allein. – Das Kätzchen ist ruhig, schwer und warm – ruhig, schwer und warm. – So liegt das Kätzchen ein Weilchen und ruht sich aus. Es ruht sich aus und fühlt die Ruhe und die Kraft tief in sich wachsen.«

 ## In den Weinbergen

»*Du gehst einen Weg in den Weinbergen. Die Trauben sind noch nicht reif, ihre Beeren schwellen noch.*
In den Ritzen des Mäuerchens haben sich Samen festgesetzt. Im Regen der vergangenen Tage sind sie aufgegangen. Sprosse haben sich in das Licht geöffnet. Und nun blühen Blumen.
Auf dem Mäuerchen sonnt sich eine Eidechse. Ganz unbeweglich liegt sie da. Sie ist ganz ruhig. Spürst du die Ruhe in ihr?
Das Mäuerchen ist aus groben Steinen zusammengesetzt. Die Erbauer haben passende Steine aufeinandergeschichtet. Manche Steine sind klein, manche groß.
Die Steine des Mäuerchens sind schwer. Spürst du die Schwere auch in dir?

Das Sonnenlicht erfüllt alle Welt. Es bringt die Beeren zum Reifen, die Blumen zum Wachsen, es wärmt den Stein des Mäuerchens.
Der Stein ist ganz warm. Spürst du die Wärme auch in dir?
Im Zwetschgenbaum am Wegrand sitzt eine Amsel und singt. Ihr Lied steigt auf in den Himmel.
Am Himmel ziehen weiße Wolken. Zwischen den Wolken steht das unermessliche Blau. Es ist der Wind, der die leichten Wolken bewegt. Etwas von diesem Wind spürst du auch in deinem Atem.
Dein Atem strömt ein und aus, ein und aus, ganz ruhig und gleichmäßig, ganz von allein.
Zwischen den Weinreben flattert ein Schmetterling. Er taumelt mal hierhin, er taumelt mal dahin. Nun setzt er sich auf das Mäuerchen. Seine Fühler tasten die Luft. Seine Flügel klappen einmal auf – und dann wieder zu. Und dann fliegt er weiter, über den Weg und hinunter ins Tal.
Du setzt dich an den Wegrand und schaust in das Tal. Die Ebene dort … Die sich bewegenden Punkte … Die Dächer einer Siedlung schimmern im Licht. Ist da nicht das Wasser eines Sees in der Ferne? Und Berge, noch weiter dahinter?
Du spürst die Ruhe des Weinbergs. Du spürst die Ruhe überall um dich, und du spürst die Ruhe auch in dir.
Du spürst die Schwere in dir. Du bist angenehm schwer.
Du spürst die Wärme in dir. Du bist angenehm warm.
Dein Atem strömt ein und aus, ein und aus, ganz ruhig und gleichmäßig, ganz von allein.
So bist du am Weinberg. Du spürst die Ruhe und die Kraft tief in dir wachsen.«

 ## Vor der Feuerwehrübung

»*Feuerwehrautos stehen am Rande der Siedlung. Weiter draußen in der Wiese leuchten Blumen in allen Farben – auch ein paar rote sind dabei. Die Autos sind hergekommen, weil sie eine Feuerwehrübung machen wollen.*
Bienen summen über die Wiese, sie sammeln den Nektar der Blumen. – Die Feuerwehrmänner haben sich neben den Autos versammelt.
Vögel singen von den Obstbäumen in die Weite der Welt. – Die Feuerwehrmänner reden miteinander. Sie haben sich Bänke aufgestellt.
Durch die Wiesen fließt ein Bach. Das quirlende Wasser ist glasklar. Fische schwimmen darin. Am Ufer wachsen Weiden und Erlen.
Einige Feuerwehrmänner haben Schläuche von den Autos bis zum Bach gelegt. Sie werden nachher Wasser für die Übung abzapfen. Ein Feuerwehrmann kontrolliert noch einmal alle Anschlüsse. Dann setzt er sich zu den anderen auf eine Bank. Es ist noch Zeit, die Männer warten noch.

Am Himmel ziehen weiße Wolken. Sie ziehen ganz langsam. Wenn du ihnen ein Weilchen zuschaust, dann spürst du die Ruhe in dir wachsen.
Das Kätzchen ist am Bach aufgetaucht. Da steht es und starrt zu den Bänken und Autos. Eine ganze Weile steht es ganz regungslos da. Dann schleicht es heran.
An den Bänken und den Menschen schleicht das Kätzchen vorbei. Es kriecht unter eines der Feuerwehrautos. Es räkelt sich zurecht und schließt seine Augen.
Da liegt das Kätzchen – ganz ruhig. Kannst du die Ruhe des Kätzchens spüren? Die Ruhe ist überall in ihm. – Schwer sind die Pfoten des Kätzchens, ganz schwer. Fühlst du, wie schwer seine Pfoten sind? Das Kätzchen ist schwer, ganz schwer. – Und warm sind die Pfoten des Kätzchens, schön warm. Fühlst du, wie warm sie sind? Die Wärme strömt durch seinen ganzen Körper. Das Kätzchen ist warm, schön warm. – Sein Atem geht ein und aus, ein und aus, ganz ruhig und gleichmäßig, ganz von allein. – Das Kätzchen ist ruhig, schwer und warm – ruhig, schwer und warm. – So liegt das Kätzchen ein Weilchen und ruht sich aus. Es ruht sich aus und fühlt die Ruhe und die Kraft tief in sich wachsen.«

Waldspielplatz

»*Am Rastplatz im Wald sitzen Eltern mit ihren Kindern um eine Feuerstelle. Das Feuer brennt. Rauch steigt in den Himmel auf.*
Die Kletterburg ist verlassen. An der Rutsche daneben liegt ein Ball. Auch ein Puppenwagen steht dort.
Die Kinder sind unten am Bach. Eines hat sich über das Wasser gebeugt und schaut nach Fischen. Ein zweites balanciert über Steine an das andere Ufer.
Der Bach rauscht mit einem immer ein bisschen anderen Klang.
Waldvögel singen. Von fern ist der Ruf eines Kuckucks zu hören.
Ein Tannenzapfen ist auf den Waldboden gefallen. Du hebst ihn auf und betastest seine Schuppen.
Den Tannenzapfen legst du zurück, denn du hast eine Feder entdeckt. Du streichst mit ihr über deine Hand. Wie weich sie ist – und doch auch fest.
Auf einem Baumstumpf wächst Moos. Gerade hier fällt ein Strahl Licht durch das Blätterdach auf den Waldboden.
Ein Käfer krabbelt über das Moos. Du schaust ihm zu, wie er über ein Aststück klettert. Er breitet seine Flügel aus und verschwindet zwischen den Stämmen.
Du gehst zurück zur Feuerstelle. Zwei Kinder spielen Federball. Du schaust dem gefiederten Ball zu, wie er immer wieder auf in den Himmel steigt, vom Schläger getroffen, und wie er wieder zurückkommt. Hin und her geht es, mit langsamen, weiten Schlägen.
Du legst dich in das Gras und schließt deine Augen. So liegst du da und lauschst auf all die Geräusche um dich.

Du spürst die Ruhe des Waldes. Du spürst die Ruhe überall um dich, und du spürst die Ruhe auch in dir.
Du spürst die Schwere in dir. Du bist angenehm schwer.
Du spürst die Wärme in dir. Du bist angenehm warm.
Dein Atem strömt ein und aus, ein und aus, ganz ruhig und gleichmäßig, ganz von allein.
So liegst du auf der Wiese im Wald. Du spürst die Ruhe und die Kraft tief in dir wachsen.«

 ## Glühwürmchen

»Es dämmert. Dein Weg nach Hause ist im schwächer werdenden Licht geheimnisvoller als sonst. Du fühlst dich gut und stark, wie ein Entdecker. Da sind dieselben Bäume und Häuser wie sonst. Aber im Dämmerlicht wirkt alles anders.
Du siehst klarer als sonst, nun, wo weniger Licht da ist, wo das Licht dich nicht überschwemmt.
Du hörst besser als sonst, nun, wo es stiller ist, wo die Geräusche dich nicht überschwemmen.
Du spürst mehr als sonst, nun, wo mehr Zeit für das Spüren ist.
Du spürst deinen Atem gehen. Er geht ein und aus, ein und aus, ganz ruhig und gleichmäßig, ganz von allein.
Ein Brunnen gluckst, du lauschst dem sich verändernden Klang des Wassers.
Die Turmuhr schlägt. Erst versuchst du, die Schläge zu zählen – aber dann lauschst du einfach nur auf das Schwingen der Töne. Fast meinst du, es nicht nur zu hören, sondern in dir selbst zu spüren.
Vor den Büschen tanzt ein winziger Leuchtfleck in der Luft. Du stehst ganz still und achtest genau auf das tanzende Licht. Als du genauer hinsiehst, bemerkst du einen zweiten Lichtpunkt und einen dritten.
Du gehst vorsichtig näher. Es sind Glühwürmchen, die dort vor den Hecken fliegen. Vielleicht tanzen sie einen Hochzeitstanz.
Du beobachtest die tanzenden Lichter.
Menschen gehen vorbei. Ihre Schritte hallen über das Pflaster. Der Glühwürmchentanz ist ganz still.
Ein Auto fährt die Straße hinunter. Als seine Scheinwerfer auf die Büsche treffen, verschwinden die kleinen Lichter der Glühwürmchen. Dann verschwindet das Auto um die Ecke, und die Glühwürmchen tauchen wieder auf.
Eine ganze Weile beobachtest du den Tanz der Glühwürmchen.
Noch einmal schlagen die Glocken der Turmuhr.
Als du zum Himmel schaust, sind Sterne aufgetaucht – wie die Lichter der Glühwürmchen. Sie stehen ganz still.

Die Glühwürmchen verschwinden im Gebüsch, eins nach dem anderen. Ihr Leuchten erlischt.
Du stehst noch ein Weilchen. Die Glühwürmchen tauchen nicht wieder auf.
Über dir die Sterne kommen immer klarer aus der Dämmerung heraus.
Langsam gehst du deinen Weg nach Hause.
Du spürst die Ruhe überall um dich, und du spürst die Ruhe in dir.
Du spürst die Schwere in dir. Du bist angenehm schwer.
Du spürst die Wärme in dir. Du bist angenehm warm.
Dein Atem strömt ein und aus, ein und aus, ganz ruhig und gleichmäßig, ganz von allein.
Du spürst die Ruhe und die Kraft tief in dir wachsen.«

 ## Am Wasserfall

»Das Bächlein läuft durch einen lichten Wald. Du folgst ihm langsam. Bäume stehen am Ufer.
Ein Fels ragt aus dem Wasser. Moos ist auf seiner Spitze gewachsen. Unter ihm gluckst das Wasser dahin.
Ab und zu siehst du einen Fisch durch das Wasser flitzen.
Du spürst deinen Atem gehen, ein und aus, ein und aus, ganz ruhig und gleichmäßig, ganz von allein.
Ein Stück weiter unten wird der Waldbach lauter und schneller. Du folgst ihm langsam ... Dann stehst du am Rand eines kleinen Wasserfalls.
Das Wasser stürzt über einen Abhang ins Freie. Kein Grund ist mehr unter ihm – du spürst seine Leichtigkeit –, und du spürst die Schwere, die das Wasser auf den Boden zurückholt.
Das Geräusch des auftreffenden Wassers, Klatschen und Gurgeln ... Im Bachbett fließt es schnell weiter. Nur ein wenig Dampf bleibt zurück, steigt auf, zwischen den Bäumen.
Ein Regenbogen steht in der Luft, mitten im Dunst.
Die Farben des Regenbogens flimmern leicht.
Unter dem Wasserfall strömt das Wasser langsamer, ruhiger.
Das Wasser ist klar und frisch.
Vögel singen ringsum.
Sonne blinzelt zwischen den Bäumen vor.
Du spürst die Ruhe überall um dich, und du spürst die Ruhe in dir.
Du spürst die Schwere in dir. Du bist angenehm schwer.
Du spürst die Wärme in dir. Du bist angenehm warm.
Dein Atem strömt ein und aus, ein und aus, ganz ruhig und gleichmäßig, ganz von allein.
Du spürst die Ruhe und die Kraft tief in dir wachsen.«

 **Auf dem Bauernhof**

»Der Stall des Bauernhofs ist dunkel – und leer. Stroh liegt am Boden, Wassertröge stehen am Durchgang. Der Geruch von Kühen liegt in der Luft. Aber die Kühe sind fort, da sind nur ein paar Fliegen.
Oben an den Wänden des Kuhstalls haben Schwalben ihre Nester gebaut. Blitzschnell segeln sie durch halb geöffnete Fenster in den Stall, füttern ihre Jungen, und sausen dann wieder hinaus, in den Himmel.
Das Tor des Stalls steht weit offen. Sonnenlicht flutet ein Stückchen herein.
Im Hof sind die Spuren der Kühe. Hühner laufen umher. Ein Hahn kräht.
Große Sonnenblumen wachsen im Bauerngarten. Ihre Köpfe hängen schwer herab. Ein Kranz von gelben Blättern umschließt sie.
An den Blumen des Gartens summen Bienen. Sie sammeln ihren Nektar und tragen ihn davon.
Ein Schmetterling flattert über den Gartenzaun. Auf eine große Blume setzt er sich hin und lässt sich von der Sonne wärmen. Seine Flügel sind offen.
Spatzen tschilpen im Holunderbusch. Ab und zu ist das Schlagen ihrer Flügel zu hören.
Die Spuren der Kühe führen aus dem Hof hinaus in die Wiesen. Am alten Apfelbaum vorbei geht es auf die Weide.
Schon hörst du ihr Muhen. Da sind sie.
Ein paar Kühe haben sich hingelegt und kauen. Andere stehen und fressen vom saftigen Gras. Die Kühe sind massig und schwer.
Ein paar stehen auch am Wasserwagen und trinken. Ihre Schwänze zucken durch die Luft nach den Fliegen.
Am Himmel ziehen Schwalben ihre Bahnen. Eine Lerche singt ihr endloses Lied.
Das Kätzchen schleicht über die Weide. Von den Kühen hält es sich fern. Es schnuppert an einem Maulwurfshaufen. Es gähnt. Aber dann schleicht es doch noch ein Stück weiter.
Das Kätzchen kriecht unter dem Zaun durch und legt sich in das warme Gras auf der anderen Seite. Es schließt seine Augen
Da liegt das Kätzchen – ganz ruhig. Kannst du die Ruhe des Kätzchens spüren? Die Ruhe ist überall in ihm.
Schwer sind die Pfoten des Kätzchens, ganz schwer. Fühlst du, wie schwer seine Pfoten sind? Das Kätzchen ist schwer, ganz schwer.
Und warm sind die Pfoten des Kätzchens, schön warm. Fühlst du, wie warm sie sind? Die Wärme strömt durch seinen ganzen Körper. Das Kätzchen ist warm, schön warm.
Sein Atem geht ein und aus, ein und aus, ganz ruhig und gleichmäßig, ganz von allein.
Das Kätzchen ist ruhig, schwer und warm – ruhig, schwer und warm. – So liegt das Kätzchen ein Weilchen und ruht sich aus. Es ruht sich aus und fühlt die Ruhe und die Kraft tief in sich wachsen.«

Erinnerungsreisen

Fantasiereisen zeigen Naturszenen, betonen die Sinneswahrnehmung und heben Aspekte von Langsamkeit, Ruhe, Wohlbefinden, Energie, Aufmerksamkeit hervor. Das können wir auch mit Nacherzählungen realer Spaziergänge oder Erlebnisse in der Natur erreichen. *Erinnerungsreisen* entsprechen Fantasiereisen, nur dass eben eine gemeinsam erlebte reale Gegebenheit nacherlebt wird.

Die äußere Situation ist gleich: Am besten erleben wir Erinnerungsreisen im Liegen mit geschlossenen Augen. Erzählt wird langsam, mit Pausen, zum besseren Vorstellen des Erzählten. Einführung und Ausklang wie auf S. 37f. sind hilfreich. Vor der Erinnerungsreise sollte mit den Kindern vereinbart werden, dass sie während des Erzählens selbst nichts sagen, dass sie sich aber merken, wenn sie etwas sagen möchten, weil wir hinterher über die Erinnerungsreise reden.

Die Erinnerungsreise selbst kann dann etwa folgendermaßen aussehen:

 ## Zum See

»*Vom Parkplatz gingen wir zum See auf dem Schotterweg. Vielleicht erinnerst du dich an das Gefühl, auf den Steinen und dem unregelmäßigen Boden zu gehen. Wir sind langsam gegangen, nicht so schnell wie sonst auf glattem Asphalt in der Siedlung.*
Am Weg standen große Bäume, Erlen waren es, überall sind ihre flauschigen Samen geflogen. Wir haben nach ihnen mit den Händen geschnappt – und ein paar auch gefangen, angeschaut – und sie wieder fliegen gelassen.
Lena und Felix haben eine Weinbergschnecke entdeckt. Wir haben uns hingehockt und sie beobachtet. Erst hat sich die Weinbergschnecke in ihrem Haus versteckt, wahrscheinlich, weil sie unsere Schritte gespürt hat – aber als wir ruhig hocken geblieben sind, streckte sie ihre Fühler nach einiger Zeit wieder aus dem Haus, und schließlich ist sie weitergekrochen.
Am See haben wir Schilf gesehen und Rohrkolben. Ein paar Enten sind vom Ufer weg und schnatternd hinausgeschwommen. Eine Weile standen wir da und haben auf den See gesehen.
Am See haben wir gerastet – und allerhand entdeckt. Im Schilf waren bunte Libellen. Manchmal war es, als würden sie in der Luft stehen. Und ihr Leib hat in der Sonne gefunkelt.
Wir haben unser Vesper ausgepackt und gegessen. Versucht euch mal zu erinnern, was ihr gegessen habt und wie es geschmeckt hat!
Yannik hatte einen Ball dabei, und ein paar Kinder haben Ball gespielt. Allerdings ist der Ball auch im Wasser gelandet.
Wir haben die Glocken von der Kirche gehört. Und da haben wir gemerkt, dass wir schon recht spät dran sind. So haben wir denn zusammengepackt und sind zurück.«

Nicht Vollständigkeit ist wichtig, stattdessen sollten ein paar Situationen mit besonders sinneshaften Ereignissen herausgegriffen und genauer erzählt werden. Dabei sollten Sie nicht in erster Linie die Handlungen, sondern die Sinnesempfindungen der Kinder betonen. Was in Richtung Entspannung führt, betonen wir besonders, Unangenehmes streifen wir nur kurz oder lassen es ganz weg (etwa die Stechmücken am See oder einen Streit). Wichtig sind auch hier Pausen zum besseren Nacherleben.

Nachher sollten Sie mit den Kindern über die Erinnerungsreise sprechen: War sonst noch etwas wichtig für sie? Wie haben sie das alles nacherleben können? Haben sie etwas ganz anders erlebt?

Die Erinnerungsreise ruft nicht einfach nur ein schon gehabtes Erlebnis noch einmal, und abgeschwächt, zurück. Sie ermöglicht durch die Konzentration auf die ruhigen Momente voll sinnlicher Eindrücke eine Vertiefung des Erlebens. Die stillen Erlebnisse und Empfindungen können sich so nach einer Erinnerungsreise noch besser festsetzen und ihre Wirkung tiefer entfalten, als während des Spaziergangs selbst. Deshalb können Erinnerungsreisen zu den Entspannungsweisen gezählt werden.

Ruheort

Eine ganz einfache und sehr wirksame Entspannungsmethode ist der Ruheort. Einmal eingeführt, kann er vom Kind immer wieder ohne äußere Anleitung aufgesucht werden. Wir probieren es selbst:

> Setzen oder legen Sie sich bequem hin, schließen Sie die Augen und stellen Sie sich eine Szene vor, in der Sie sich wohlfühlen und gut entspannen können, vorzugsweise in der Natur. Das kann ein Sandstrand sein, an dem Sie liegen, im Schatten von Palmen, oder eine Almwiese oder ein schöner Fleck am Waldbach. Suchen Sie sich *einen* Platz aus, und bleiben Sie dann bei ihm. Was Ihnen dort gut tut, dem wenden Sie sich in Ihrer Vorstellung zu, das bauen Sie aus, verstärken es noch – beispielsweise das Rauschen der Meereswellen oder das Flüstern der Gräser im Wind. Achten Sie darauf, dass möglichst viele Sinne angesprochen werden, also Sehen (Meer, Wiese), Hören (Bienen, Vögel, Kuhglocken), Spüren (Gras, Sand, Wärme), möglichst auch Riechen (Tannenduft, Harz, Tang) und Schmecken (Salz). Was Ihnen an diesem Platz nicht so gefallen würde, daran denken Sie nicht, oder Sie machen es klein oder lassen es weg (Hitze, Mücken). So haben Sie sich einen Ruheort erschaffen. Begeben Sie sich möglichst ganz in diesen Ruheort hinein.
> Einmal ausgedacht und tief erlebt, können wir uns immer wieder und schnell in unseren Ruheort hineinbegeben. Einfach die Augen schließen, an den Ruheort denken – und er ist da.
> Im Ruheort sollte keine Handlung ablaufen müssen, nur kleine, immer gleiche Bewegungen wie Meereswellen, Wind, Strömen von Wasser, vorbeifliegende Insekten, Vogelgesang. Die Gleichförmigkeit ist wichtig, der Friede, das Ansprechen möglichst aller Sinne.

Wenn mit Kindern ein Ruheort erlebt wird, geben wir am besten zunächst einen von außen vor. So können mit den Kindern an verschiedenen Tagen verschiedene vorgesprochene Ruheorte erlebt werden. Ihre Anleitungen sollten dabei immer spärlicher werden. Und dann können Sie etwa sagen: »Ihr habt nun verschiedene Ruheorte erlebt – sucht euch daraus einen eigenen, geheimen aus. Er kann ganz so sein wie einer von den gemeinsam erlebten, es kann aber auch ein ganz anderer sein. Wichtig dabei ist, dass der Ruheort euch wohl tut und dass ihr ihn euch gerne immer wieder mal vorstellt.«

Anders als bei den Fantasiereisen wird so eine gewisse Unabhängigkeit der Kinder von einer Anleitung für die Entspannung erreicht. Sie können sich ihren Ruheort auch dann vorstellen, wenn niemand da ist. Vielleicht überlegen Sie mit den Kindern auch, wann sie angespannt sind und ein Ruheort gut wäre, um sich zu entspannen.

Wenn nur eine sehr knappe oder zuletzt gar keine Anleitung mehr für den Ruheort erfolgt, wirkt es unterstützend, die Zeit für den Ruheort besonders hervorzuheben, durch eine immer gleiche, ruhige Musik etwa; sie läuft, solange wir uns im Ruheort befinden.

Zur Einstimmung und zum Ausklang kann die Anleitung auf S. 37f. genommen bzw. abgewandelt werden. Zusätzlich sollten Sie beim Ruheort noch sagen: »Was uns von unserem Ruheort (oder, wenn der Begriff nicht eingeführt wurde, ›von den Bildern‹) gefällt, das stellen wir uns ganz besonders gut vor. Wenn uns etwas nicht gefällt oder uns etwas zum Ruheort einfällt, das wir nicht mögen, dann lassen wir das einfach weg.«

Hier sind Anleitungen für drei vorgegebene Ruheorte, den *See*, den *Waldbach*, die *Alm*. Danach steht die Anleitung für einen freien Ruheort.

 Ruheort See

»Stell dir einen ruhigen See vor. Das kann ein See sein, den du kennst und der dir gefällt, oder ein See ganz nach deiner Fantasie. Vielleicht liegst du dort an einem Sandstrand, oder du sitzt im Gras auf einer Wiese. Stell es dir so vor, wie es dir am besten gefällt.
Was dir Schönes zum See einfällt, auf das achte besonders, und achte darauf, ob du noch mehr Schönes entdecken kannst.
Stell dir ganz besonders die Ruhe und den Frieden des Sees vor … Und vielleicht die leichten Wellen des Wassers … Die gespiegelten Wolken, die ganz langsam ziehen … Die warme Sonne … Die Bewegung von Schilf am Ufer … Das Schnattern von Enten oder die Schreie anderer Vögel … Eine Libelle, die über das Wasser saust und dann plötzlich in der Luft stillzustehen scheint, in glitzernden Farben … Vielleicht hörst du das Geräusch, wenn ein Fisch aus dem See springt, und wieder eintaucht … Die Wellenkreise verlieren sich bald … Vielleicht riechst du das Wasser des Sees … Vielleicht spürst du das Gras unter dir oder den Sand …

Stell dir deinen See vor, seine Ruhe und seinen Frieden, und stell dir vor, was es noch alles zu sehen, zu hören, zu spüren, zu riechen, zu schmecken gibt.«
(Pause, möglichst mit Musikunterlegung.)
»Achte auf die Ruhe und den Frieden an deinem Ruheort. Und achte auf die Kraft in der Ruhe.«
(Pause, dann beenden.)

Ruheort Alm

»Stell dir eine schöne Bergwiese vor. Das kann eine Alm sein, die du kennst, wo du schon warst und die dir gefällt, oder eine Wiese auf einem Berg ganz nach deiner Fantasie. Vielleicht sitzt du dort vor einer Hütte, oder du liegst dort im Gras. Stell es dir so vor, wie es dir am besten gefällt.
Was dir Schönes zur Bergwiese einfällt, auf das achte besonders, und achte darauf, ob du noch mehr Schönes entdecken kannst.
Stell dir ganz besonders die Ruhe und den Frieden der Bergwiese vor … Und vielleicht das leichte Rauschen des Grases im Wind … Die warme Sonne … Die verschiedenen Farben der Blumen … Den Gesang von Vögeln … Das Läuten von Kuhglocken … Vielleicht kannst du die Kühe auch riechen … Am Himmel ziehen weiße Wolken, ganz langsam … Vielleicht spürst du das Gras unter dir oder das Holz der Bank …
Stell dir deine Bergwiese vor, ihre Ruhe und ihren Frieden, und stell dir vor, was es noch alles zu sehen, zu hören, zu spüren, zu riechen, zu schmecken gibt.«
(Pause, möglichst mit Musikunterlegung.)
»Achte auf die Ruhe und den Frieden an deinem Ruheort. Und achte auf die Kraft in der Ruhe.«
(Pause, dann beenden.)

Ruheort Waldbach

»Stell dir einen schönen Platz am Waldbach vor. Das kann ein Waldbach sein, den du kennst, wo du schon warst und der dir gefällt, oder ein Waldbach ganz nach deiner Fantasie. Vielleicht sitzt du dort am Ufer im Gras oder auf einem Stein … Vielleicht ist hier eine Waldwiese, vielleicht stehen auch hohe Bäume ringsum … Stell es dir so vor, wie es dir am besten gefällt.
Was dir Schönes zum Waldbach einfällt, auf das achte besonders, und achte darauf, ob du noch mehr Schönes entdecken kannst.
Stell dir ganz besonders die Ruhe und den Frieden des Waldbachs vor … Das Strömen des Wassers … Die Ruhe der Steine … Das leichte Rauschen der Blätter in den Wipfeln

der Bäume ... Die warme Sonne ... Den Gesang von Vögeln ... Kannst du das Wasser auch riechen? Oder die Walderde? Das Moos? ... Am Himmel ziehen weiße Wolken, ganz langsam ... Vielleicht spürst du das Gras unter dir oder den Stein ...
Stell dir deinen Waldbach vor, seine Ruhe und seinen Frieden, und stell dir vor, was es noch alles zu sehen, zu hören, zu spüren, zu riechen, zu schmecken gibt.«
(Pause, möglichst mit Musikunterlegung.)
»Achte auf die Ruhe und den Frieden an deinem Ruheort. Und achte auf die Kraft in der Ruhe.«
(Pause, dann beenden.)

Diese beschriebenen Anleitungen zu Ruheorten ähneln sehr den Fantasiereisen, die wir schon kennengelernt haben. Allerdings geschieht im Ruheort noch weniger als in der Fantasiereise. Der Ruheort ist die statische Beschreibung eines bestimmten ruhigen Ortes, während in der Fantasiereise durchaus einiges passieren kann, auch Ortsveränderungen.

Wenn Ruheorte den Kindern bekannt sind, können Sie die Anleitungen offener und sparsamer gestalten. Zuletzt kann eine ganz offene Anleitung für einen Ruheort stehen:

 Ruheort offen

»Stell dir vor, an deinem Ruheort zu sein. Stell dir vor, wie dein Ruheort aussieht, was du alles sehen, hören, spüren, riechen, schmecken kannst ...
Stell dir deinen Ruheort vor – und die Ruhe und Kraft, die er dir gibt, die Ruhe und Kraft, die hier in dir größer wird, bis sie dich ganz erfüllt, bis sich alles verwandelt in Ruhe und Kraft ...«

Ein Ruheort ist ganz einfach, er baut auf dem guten Vorstellungsvermögen von Kindern auf. Er gibt ihnen Anregungen durch die Anleitungen. Und er kann dann mehr und mehr zu etwas werden, das die Kinder von sich aus einsetzen, wenn sie Ruhe und Entspannung brauchen – etwa beim Zahnarzt, wenn sie angespannt sind, oder nachts beim Einschlafen. Der Ruheort ist damit eine vollwertige Entspannungsmethode.

Autogenes Training

Das Autogene Training wurde in den 1920er- und 1930er-Jahren von Johannes H. Schultz (1884–1970) entwickelt, einem Psychiater aus Berlin. Ihm war aufgefallen, dass Patienten nach der von ihm praktizierten Hypnose über Körpererscheinungen wie Schwere und Wärme und ein Gefühl der Entspannung berichteten. Mit dem Autogenen Training wollte er diese Entspannung nutzbar machen – aber nicht als von außen im Zustand der Hypnose herbeigeführt, sondern durch den Patienten selbst, von innen also, »autogen« (ein griechisch-lateinisches Kunstwort mit der Bedeutung: »aus sich selbst heraus«). Sein Standardwerk »Das Autogene Training« erschien 1932.

Entspannung wird im Autogenen Training durch Übungsformeln hergestellt, etwa durch: »Ich bin ganz warm«. Innerliches Vorsprechen der Formel nimmt Einfluss auf das vegetative Nervensystem, bringt es dazu, den Durchmesser der peripheren Blutgefäße zu vergrößern. So fließt mehr warmes Blut an der Oberfläche unseres Körpers, und die Haut erwärmt sich. Ein Wärmegefühl aber ist mit dem Zustand der Entspannung gekoppelt. Das Entspannungsgefühl breitet sich über Körper und Psyche aus.

Solche Temperaturerhöhungen durch die Wärmeformel des Autogenen Trainings lassen sich nachweisen. Überhaupt handelt es sich um ein gut untersuchtes und in seiner Wirksamkeit bestätigtes Verfahren. Allerdings gelten die früher entwickelten Entspannungsformeln für Erwachsene. Für Kinder mussten Veränderungen vorgenommen werden.

Die wichtigste Änderung: Das Autogene Training muss für Kinder zumindest bei seiner Einführung deutlich mehr von außen angeleitet werden.

Die Übungsformeln sind das Wesentliche auch der Kinderversion des Autogenen Trainings. Sie werden eine nach der anderen eingeübt. In der ersten Entspannungsstunde wird die erste Übungsformel vorgestellt und geübt. In der zweiten Entspannungsstunde wird die schon bekannte erste Formel vorgesprochen, und die zweite Formel angehängt. So geht es weiter, bis alle Übungsformeln bekannt sind und das Autogene Training komplett ist.

In dieser Art kann das Autogene Training Kindern ab etwa dem Vorschulalter vermittelt werden. Sowohl Kinder dieses Alters als auch jüngere Kinder können das Autogene Training zumindest in Teilen auch in manchen Entspannungsgeschichten oder Fantasiereisen erleben. Die Entspannungsformeln des Autogenen Trainings sind dort oftmals in eine Geschichte eingebaut.

Möchte man die Übungsformeln nicht in eine Geschichte einbringen, sondern unverkennbar für sich selbst stehen lassen, kann am Ende des Entspannungsdurchgangs, nach den »reinen« Übungsformeln, trotzdem noch eine Fantasiereise oder eine Geschichte angehängt werden (dazu geeignete Entspannungsgeschichten stehen ab S. 66). Das hält die Kinder noch etwas in der Entspannungshaltung, und motiviert sie.

Gelernt wird am besten im Liegen, und zwar in der Rückenlage (siehe S.129). Zwar sollte später in jeder Körperhaltung entspannt werden können, diese Liegehaltung kommt aber der natürlichen Entspannung am nächsten und eignet sich für die Vermittlung am besten.

Im Folgenden die Übungsformeln und ihre Vermittlung, so wie sie Stunde um Stunde voranschreiten.

 ## Ruhe-Formel

»Ich bin ganz ruhig.«

Die Ruhe-Formel gilt noch als Vorbereitung der eigentlichen Entspannung. Wir wollen in die Ruhe und sagen uns das als Zielvorstellung vor. Da die Ruhe-Formel noch nicht zu den eigentlichen Entspannungsformeln gezählt wird, können wir sie einzeln einführen, oder auch gleich mit der zweiten Formel zusammen. Hier wird sie einzeln vorgestellt.
Die Ruhe-Formel für Erwachsene lautet: »Ich bin ganz ruhig«. Für Kinder ist das zu knapp, deshalb werden wir den Text erweitern.
Zur Einführung beschäftigen wir uns im Gespräch mit »Ruhe«. Was meint das? Weshalb ist Ruhe manchmal wichtig?
Wir machen ein Spiel zur Ruhe, etwa »Herr und Frau Zappel« (S. 90), auch Stillemomente eignen sich. Dann kündigen wir unsere Übung an. Alle legen sich in Entspannungshaltung (S. 129) auf den Boden. Wir entzünden unsere Stillekerze.
Wenn alle liegen, weisen wir noch einmal darauf hin, dass nun »die Entspannung« kommt.
Dann sprechen wir die Einstimmung (siehe S. 37).
Das erste Mal und zwei oder drei weitere Male in den nächsten Stunden kommt dann noch eine Vorbemerkung:

»Ich spreche jetzt einiges vor. Versuch dir dabei genau das vorzustellen, was ich sage. Hör nicht einfach nur zu, sondern stell dir das vor, um das es geht. Wenn es nachher also heißt: ›Deine Arme werden jetzt ganz ruhig‹, dann stell dir vor, wie deine Arme schön ruhig werden.«

Und dann kommt der Entspannungstext.

*»Deine Arme werden jetzt ganz ruhig, und deine Beine werden ganz ruhig. Dein Gesicht wird ruhig, schön ruhig.
Du bist ganz ruhig und sagst dir in Gedanken drei Mal:
Ich bin ganz ruhig ... Ich bin ganz ruhig ... Ich bin ganz ruhig.«*

Damit ist die erste Übung eigentlich schon zu Ende. Wir können das Liegen aber noch etwas verlängern, indem wir noch ruhige Musik laufen lassen. Oder eine kurze Entspannungsgeschichte oder Fantasiereise vorlesen.
Dann kommt der Ausklang, die Rücknahme der Entspannung (siehe S. 38).
Damit ist die Vermittlung der Ruhe-Formel des Autogenen Trainings abgeschlossen.

 ## Schwereformel

»Ich bin ganz schwer.«

Mit der Schwere-Formel kommen wir in unserer zweiten Entspannungsstunde zum eigentlichen Autogenen Training.
Zur Einführung machen wir ein Spiel zum Thema Schwere. Etwa *Schweres Tier*. Wir fragen, was für schwere Tiere es gibt. Die Kinder nennen einige. Dann spielen wir schwere Tiere. Die Kinder sollen

sich ein schweres Tier ausdenken, eines der genannten, oder ein ganz anderes, und sich dann so im Raum bewegen, wie ihr schweres Tier. Auch seine Laute können sie dazu nachahmen. Wenn sie einem anderen »schweren Tier« begegnen, versuchen sie gegenseitig zu erraten, was für ein schweres Tier der andere ist. Wenn alle erraten sind, endet das Spiel.

Ein alternatives Spiel zur Schwere ist *Das Gewicht einer Feder*: Wir zeigen eine Vogelfeder und fragen die Kinder, wie lange sie das Gewicht diese Feder wohl in der ausgestreckten Hand halten können, und machen das vor. Die Kinder werden einiges dazu sagen, und wir kommen zum praktischen Teil: Wer möchte, streckt einen Arm waagrecht aus und bekommt in die Hand eine Feder gelegt. Schon nach kurzer Zeit scheint die Feder sehr schwer zu werden, und wir beenden das Spiel.

Falls wir den Verdacht haben, dass zu viele Federn fliegen wollen, können wir auch nur die Hände ausstrecken lassen, ohne Feder – das heißt dann *Luft stemmen*. Die Frage auch hier, wie lange die Kinder die Luft in der Hand halten können, ohne dass der Arm weh tut.

Dann beginnt wieder die Entspannung, mit der Stillekerze, dem Hinlegen, die Einstimmung (siehe S. 37), noch einmal die Erinnerung, dass es darum geht, sich alles genau vorzustellen. Und dann kommt der Entspannungstext – erst die schon bekannte Ruhe-Übung und angehängt die neue Schwere-Übung, die wie folgt lautet:

»Deine Arme werden jetzt schwer, ganz schwer. Deine Arme werden immer schwerer und schwerer.
Deine Beine werden jetzt schwer, ganz schwer. Die Beine werden immer schwerer und schwerer.
Du bist ganz schwer und sagst dir in Gedanken drei Mal:
Ich bin ganz schwer ... Ich bin ganz schwer ... Ich bin ganz schwer.«

Wir können das Liegen wieder mit ruhiger Musik oder einer angehängten Entspannungsgeschichte oder Fantasiereise verlängern.
Dann kommt der Ausklang (S. 38).
Damit ist die Vermittlung der Schwere-Formel beendet.

Wärme-Formel

»Ich bin ganz warm.«

Zur Einführung kann über Wärme gesprochen werden. Was ist denn alles warm? Was macht ihr, wenn euch kalt ist und ihr euch aufwärmen wollt?

Wir können Wärme an uns selbst spüren, mit den Händen an verschiedenen Körperteilen, wie warm sie sind. Wir reiben die Hände aneinander und spüren, wie sie wärmer werden. Dann können wir einen Feuertanz machen, indem wir uns im Kreis aufstellen und auf ein Signal alle ein paar Schritte zur Mitte gehen und die Hände dabei als Flammen züngeln lassen.

Dann beginnt wieder die Entspannung, mit unserem Ritual, der Stillekerze. Wir legen uns hin, sprechen die Einstimmung (S. 37) und erinnern noch einmal, dass es darum geht, sich alles genau vorzustellen.

Nun kommt der Entspannungstext – erst die schon bekannten Ruhe- und Schwere-Übungen und angehängt die Wärme-Übung. Eigentlich gibt es im Autogenen Training zwei eigene Formeln für die Wärme der Gliedmaßen und die Wärme des Bauches, die auch getrennt vermittelt werden. In dieser Version sind sie zusammengefasst, um einen durchgehenden Wärmefluss zu ermöglichen. Eine Bauch-Formel werden wir später aber auch noch kennenlernen. Unsere Wärme-Formel lautet so:

»Stell dir vor, du liegst auf einer Wiese. Rings um dich wiegt sich das Gras im Wind. Blumen blühen. Der Himmel über dir ist blau, die Sonne scheint. Du spürst die Wärme der Sonne auf dir.
Du spürst die Wärme der Sonne in deinen Armen, wohlige Wärme in deinen Armen. Die Wärme strömt bis in deine Hände hinein. Deine Arme sind warm.
Die Wärme strömt weiter in deinen Bauch, du spürst die Wärme der Sonne in deinem Bauch. Dein Bauch ist warm, wohlige Wärme durchströmt deinen Bauch.
Die Wärme strömt weiter zu deinen Beinen. Deine Beine sind warm, die Wärme strömt bis in deine Füße hinein, wohlige Wärme durchströmt deine Füße. Deine Beine sind warm, angenehm warm.
Deine Arme sind warm, dein Bauch ist warm, deine Beine sind warm. Wohlige Wärme durchströmt deinen ganzen Körper. Du bist angenehm warm und sagst dir in Gedanken drei Mal:
Ich bin ganz warm ... Ich bin ganz warm ... Ich bin ganz warm.«

Dann kommt wieder etwas ruhige Musik oder eine Entspannungsgeschichte.
Und abschließend der Ausklang (S. 38).

Atem-Formel

»Mein Atem geht ruhig und gleichmäßig.«

Zur Einführung der Atem-Formel können wir ein Spiel mit Papierschiffchen, Kuscheltier oder Luftballon durchführen, das auf S. 84 näher beschrieben ist. Wir legen uns dazu auf den Rücken, einen dieser Gegenstände auf dem Bauch – und beobachten, wie er sich mit dem Atem hebt und senkt.
Oder wir legen uns einfach eine Hand auf den Bauch und spüren mit geschlossenen Augen der Bewegung nach.
Nach dem Spiel entzünden wir unsere Stillekerze. Dann sprechen wir die Einstimmung (S. 37) und den Entspannungstext, erst mit den schon bekannten Formeln zu Ruhe, Schwere und Wärme, und dann kommt die Atem-Formel. Der Atem wird nur beobachtet, nicht etwa bewusst verändert:

»Achte nun auf deinen Atem.
Dein Atem geht ruhig und gleichmäßig, er hebt und senkt sich wie ein Boot auf den Wellen.
Du bist ganz ruhig und sagst dir in Gedanken:
Mein Atem geht ruhig und gleichmäßig.
Mein Atem wiegt mich.«

Dann kommt ruhige Musik oder eine Entspannungsgeschichte.
Und abschließend der Ausklang (S. 38).

Bauch-Formel

»Mein Bauch ist strömend warm.«

Wir hatten den Bauch bereits mit der Wärme-Formel angesprochen. Nun kommt er noch einmal, als eigene Übung. Wenn die Bauch-Formel aus Gründen der Zweckmäßigkeit auch schon in die Wärme-

Formel integriert ist, kann es vorteilhaft sein, sie noch einmal als eigene Übung vorzustellen. Vor allem Kinder mit häufigem Bauchweh werden hieraus Gewinn ziehen.
Zur Einführung legen wir eine Hand auf den Bauch. Diesmal spüren wir aber nicht der Bewegung des Atems, sondern der Wärme des Bauchs nach.

Dann kommt unser inzwischen bekannter Ablauf mit Stillekerze, Einstimmung (S. 37) und Entspannungstext. Nach den schon bekannten Übungsformeln zu Ruhe, Schwere, Wärme und Atem sprechen wir die Bauch-Formel:
»Achte nun auf deinen Bauch.
Du spürst die Wärme in deinem Bauch und sagst dir in Gedanken:
Mein Bauch ist strömend warm.«

Es folgt ruhige Musik oder eine Entspannungsgeschichte.
Und abschließend der Ausklang (S. 38).

Herz-Formel

»Mein Herz schlägt ruhig und gleichmäßig.«

Wir reden mit den Kindern über das Herz, das immer schlägt, ohne dass wir etwas dazu tun müssten. Wir können auch versuchen, ob wir unseren Puls tasten können.
Der Ablauf mit Stillekerze, Einstimmung (S. 37) und Entspannungstext bleibt gleich. Nach den Übungsformeln zu Ruhe, Schwere, Wärme, Atem und Bauch sprechen wir die Herz-Formel:

»Achte nun auf dein Herz. Vielleicht spürst du den Schlag deines Herzens.
Du sagst dir in Gedanken:
Mein Herz schlägt ruhig und gleichmäßig.«

Dann kommt ruhige Musik oder eine Entspannungsgeschichte.
Und der Ausklang (S. 38).

Stirn-Formel

Die letzte Formel des Autogenen Trainings ist die Stirn- oder Kopf-Formel. Wir können sie mit einem Spiel einführen. Dazu nimmt jedes Kind ein Stück Papier und wedelt sich Kühle mit diesem Fächer zu. Bei älteren Kindern können wir auch über die Kühle der Stirn reden: »In der Entspannung hatten wir bisher die Wärme, und die war gut. Warum soll nun aber die Stirn nicht auch warm sein, sondern besser kühl? Was bedeutet es denn, wenn die Stirn sehr warm wird?« (Lösung: Fieber oder Stress)
Es folgen Stillekerze, Einstimmung (S. 37), und der Entspannungstext mit den Übungsformeln zu

Ruhe, Schwere, Wärme, Atem, Bauch und Herz. Dann folgt die Stirn-Formel:
»Achte nun auf deine Stirn.
Stell dir die Kühle vor und sag dir in Gedanken:
Meine Stirn ist ein wenig kühl.
Meine Stirn ist angenehm kühl.«

Es folgt ruhige Musik oder eine Entspannungsgeschichte.
Und der Ausklang (S. 38).

Gesamt-Übung

Die Ruhe-Formel wird als Einstimmung angesehen, Schwere und Wärme gelten als die beiden wichtigsten Formeln. Auch die Atem-Formel ist wichtig. In unserer Version haben wir die Bauch-Formel bereits in die Wärme-Formel integriert, das nimmt ihr als Einzelübung etwas an Wichtigkeit. Die Herz- und die Stirn-Formel stehen beide im Vergleich zu den anderen zurück. Erwachsene lernen sie deutlich schwerer, bei Kindern werden sie oft weggelassen.

Auch wir müssen uns überlegen, ob wir mit unserer Kindergruppe alle Formeln des Autogenen Trainings einüben, oder ob wir uns auf Ruhe, Schwere, Wärme und Atem beschränken. Bei Kindergartenkindern dürfte eine Beschränkung sinnvoll sein, Schulkindern können alle Formeln beigebracht werden – auch wenn sie dann später nicht mehr alle Verwendung finden.

Die folgende Doppelseite zeigt den Ablauf des vollständigen Autogenen Trainings in unserer Version für Kinder ab dem Vorschulalter. Auch Einstimmung und Ausklang sind hier enthalten.

Ablauf eines vollständigen Autogenen Trainings

Einstimmung für das Liegen

»Legt euch bequem hin, auf den Rücken, Arme und Beine überkreuzen sich nicht. Schließt die Augen. (Wer die Augen noch nicht schließen möchte, lässt sie ruhen, an einem Fleck an der Decke.) *Du hörst die Geräusche um dich, du spürst unter dir den Boden. Die Geräusche werden immer gleichgültiger. Bald sind sie ganz gleichgültig …*«

Vorbemerkung (nur die ersten drei Male zu sprechen)

»Ich spreche jetzt einiges vor. Versuch dir dabei genau das vorzustellen, was ich sage. Hör nicht einfach nur zu, sondern stell dir das vor, um das es geht. Wenn es nachher also heißt: ›Deine Arme werden jetzt ganz ruhig‹, dann stell dir vor, wie deine Arme schön ruhig werden.«

Ruhe

»*Deine Arme werden jetzt ganz ruhig, und deine Beine werden ganz ruhig. Dein Gesicht wird ruhig, schön ruhig.*
Du bist ganz ruhig und sagst dir in Gedanken drei Mal:
Ich bin ganz ruhig … Ich bin ganz ruhig … Ich bin ganz ruhig.«

Schwere

»*Deine Arme werden jetzt schwer, ganz schwer. Deine Arme werden immer schwerer und schwerer.*
Deine Beine werden jetzt schwer, ganz schwer. Die Beine werden immer schwerer und schwerer.
Du bist ganz schwer und sagst dir in Gedanken drei Mal:
Ich bin ganz schwer … Ich bin ganz schwer … Ich bin ganz schwer.«

Wärme

»*Stell dir vor, du liegst auf einer Wiese. Rings um dich wiegt sich das Gras im Wind. Blumen blühen. Der Himmel über dir ist blau, die Sonne scheint. Du spürst die Wärme der Sonne auf dir.*
Du spürst die Wärme der Sonne in deinen Armen, wohlige Wärme in deinen Armen. Die Wärme strömt bis in deine Hände hinein. Deine Arme sind warm.
Die Wärme strömt weiter in deinen Bauch, du spürst die Wärme der Sonne in deinem Bauch. Dein Bauch ist warm, wohlige Wärme durchströmt deinen Bauch.
Die Wärme strömt weiter zu deinen Beinen. Deine Beine sind warm, die Wärme strömt bis in deine Füße hinein, wohlige Wärme durchströmt deine Füße. Deine Beine sind warm, angenehm warm.

Deine Arme sind warm, dein Bauch ist warm, deine Beine sind warm. Wohlige Wärme durchströmt deinen ganzen Körper. Du bist angenehm warm und sagst dir in Gedanken drei Mal:
Ich bin ganz warm … Ich bin ganz warm … Ich bin ganz warm.«

Atem

»Achte nun auf deinen Atem.
Dein Atem geht ruhig und gleichmäßig, er hebt und senkt sich wie ein Boot auf den Wellen.
Du bist ganz ruhig und sagst dir in Gedanken:
Mein Atem geht ruhig und gleichmäßig.
Mein Atem wiegt mich.«

Bauch

»*Achte nun auf deinen Bauch.*
Du spürst die Wärme in deinem Bauch und sagst dir in Gedanken:
Mein Bauch ist strömend warm.«

Herz

»*Achte nun auf dein Herz.*
Vielleicht spürst du den Schlag deines Herzens.
Du sagst dir in Gedanken:
Mein Herz schlägt ruhig und gleichmäßig.«

Stirn

»*Achte nun auf deine Stirn.*
Stell dir die Kühle vor und sag dir in Gedanken:
Meine Stirn ist ein wenig kühl.
Meine Stirn ist angenehm kühl.«

(Eventuell Musik laufen lassen oder Entspannungsgeschichte oder Fantasiereise vortragen.)

Ausklang

»*Und nun kommen wir zum Ende. Du spürst wieder den Raum um dich, mit den anderen, und all den Geräuschen. Wer bereit ist, reckt und streckt sich und öffnet die Augen. Wir setzen uns auf.«*

Kurzübung im Sitzen

Kinder können das Autogene Training einfach in der Gruppe miterleben, mit den Übungen der letzten Seiten. Wollen sie die Entspannung in Stress-Situationen einsetzen, benötigen sie nach dieser ausführlichen Anleitung noch eine kurze Version, die sie sich selbst zur Entspannung vorsprechen. Im Kindergartenalter ist das für viele Kinder noch eine Überforderung, im Schulalter aber sollten es alle Kinder lernen können.

Die folgende Kurzentspannung des Autogenen Trainings wird im Sitzen geübt, in einer der beiden Sitzhaltungen von S. 129. Denn im Sitzen wird sie auch höchstwahrscheinlich benötigt, etwa bei Klassenarbeiten oder beim Zahnarzt.

Das Kind schließt die Augen, sagt sich jede der Formeln drei Mal innerlich vor und versucht den jeweiligen Zustand in sich herzustellen. Ein Merkspruch kann angehängt werden, etwa aus den Entspannungsgeschichten ab S. 65: »Mit Mut geht's gut« und »Konzentriert geht's wie geschmiert« sind zwei der bekanntesten. Dann macht das Kind eine kurze Rücknahme der Entspannung, es streckt sich dabei etwas, ballt die Hände und öffnet die Augen.

Hier die Entspannungsformeln der Kurzübung im Sitzen:

»Ich bin ganz ruhig.
Ich bin ganz schwer.
Ich bin schön warm.«

Die Kurzübung sollte erst dann durchgeführt werden, wenn die langen Formen bekannt sind und beherrscht werden. Sie kann später noch weiter verkürzt werden, auf: Ruhe – Schwere – Wärme.

Möglichkeiten und Grenzen

Das Autogene Training ist ein gut untersuchtes Verfahren, das auch für therapeutische Zwecke verwendet wird (siehe S. 23). Kinder lernen es schnell, wir können zur Beruhigung, Konzentrationsfähigkeit und Gesundheitsvorsorge also durchaus gute Erfolge erwarten.

Wenn Kinder die Entspannung selbst in Stress-Situationen einsetzen möchten, ist es jedoch wichtig, dies mit ihnen genau zu besprechen und zu begleiten (dazu ab S. 134). Denn Kindern gelingt in der Regel eine Übertragung in den Alltag weniger leicht als Erwachsenen.

Noch einmal soll auf mögliche Begleiterscheinungen hingewiesen werden, die während des Autogenen Trainings auftreten können (ausführlich dazu S. 20): vor allem Kribbeln oder Muskelzuckungen. Kinder werden durch diese weniger irritiert als Erwachsene. Nach Abschluss der Entspannung sollte zumindest die ersten Male eine Gesprächsrunde abgehalten werden mit offenen Fragen wie: »Wie war es denn? Was habt ihr in der Entspannung gespürt?« Berichten Kinder dann über solche Nebenwirkungen, kann etwa gesagt werden: »Das zeigt, dass die Entspannung schon etwas wirkt. Das Kribbeln allerdings wollten wir gar nicht. Mit der Zeit verschwindet das von selbst wieder. Wenn es dir aber unangenehm ist, dann öffne einfach die Augen, ball die Hände zu Fäusten oder beweg dich etwas, dann verschwindet es.«

Entspannungsgeschichten und Merksprüche

Entspannungsgeschichten können in die Vermittlung des Autogenen Trainings oder anderer Entspannungsmethoden eingebunden sein. Oder sie werden alleine eingesetzt. Deshalb erhalten sie hier ein eigenes Kapitel.

In solchen Geschichten wird Entspannung entweder inhaltlich vermittelt, die Kinder lernen also in der Geschichte, wie und in welchen Situationen Entspannung hilft. Oder die Geschichten sind einfach für sich genommen entspannend.

Merksprüche lassen sich einbauen, »Mit Mut geht's gut« zum Beispiel, oder »Konzentriert geht's wie geschmiert«. Solche Merksprüche entsprechen der Vorsatzbildung aus dem Autogenen Training für Erwachsene. Dort werden Merksätze zu eigenen Problemen erarbeitet und dann während einer Kurzentspannung an die Entspannungsformeln angehängt.

Wenn jemand etwa Angst vor öffentlichem Reden hat, könnte er als Vorsatz entwickeln: »Rede leicht, frei, klar.« Vor einem öffentlichen Auftritt wird die Kurzentspannung nach dem Autogenen Training durchgeführt und an die bekannten Entspannungsformeln noch dieser besondere Vorsatz angehängt und tief in sich hineingesprochen.

Da Autogenes Training Kindern in aller Regel in Gruppen vermittelt wird und überdies das Problemverständnis von Kindern noch nicht ausgeprägt ist, werden solche Sprüche bei Kindern meist nicht individuell entwickelt. Eine Reihe allgemeingültiger Sprüche zu Mut, Konzentration, Ruhe hat in viele Entspannungsgeschichten Eingang gefunden. Sie können so den Kindern mit der Geschichte beigebracht werden.

Sind nach einigen Geschichten mehrere Merksprüche bekannt geworden, können Sie mit den Kindern in einer Gesprächsrunde über Funktion und Wirkung reden.

»Wenn es ein Problem gibt, dann denkt Grünenstein immer wieder an seinen Ruheort und lässt die Ruhe und Kraft in sich ganz groß werden. Und oft sagt er sich dann noch einen Spruch dazu, einen Merkspruch. Was für Merksprüche waren denn bisher dran? Zu was, meint ihr, können ein Ruheort und solche Merksprüche denn gut sein? Meint ihr, dass ihr das auch mal ausprobieren könnt?«

Und dann proben wir, einen der Merksprüche, der einem selbst helfen könnte, an die eigene Kurzentspannung anzuhängen. Statt des Ruheorts kann das auch die Kurzübung nach dem Autogenen Training sein oder die Atementspannung »Meeratem«.

Wollen Sie mit einzelnen Kindern individuelle Sprüche entwickeln? Dann bedenken Sie, dass ein guter Spruch kurz, prägnant und positiv formuliert ist; der Blick ist also nicht auf das Problem gerichtet, etwa die Angst, sondern auf dessen Bewältigung, beispielsweise den Mut. Gereimte Sprüche merken sich Kinder besonders leicht.

Im Folgenden eine Serie von zehn Entspannungsgeschichten für Kinder. Mit dem Drachen Grünenstein lernen wir allerhand über Entspannung. Wir können, auch wenn wir die Geschichten unabhängig von einer klassischen Entspannung vorlesen, Einstimmung und Ausklang von S. 37f. nutzen. Verwenden wir die Geschichten im Anschluss an die Vermittlung des Autogenen Trainings oder der Progressiven Muskelentspannung, kommt auf jeden Fall der Ausklang.

Vorweg eine Übersicht der in den Geschichten enthaltenen Merksprüche:
- »*Schau! – Langsam und genau!*« – Geschichte: Umzug der Drachenmäuse
- »*Nur ruhig Blut, dann geht's gut.*« – Geschichte: Der Piraten-Horst
- »*Tief innen ist alle Kraft drinnen.*« – Geschichten: Im Tal der Schmetterlinge, In der Fledermaushöhle
- »*Mit Mut geht's gut.*« – Geschichten: Das Tor der Kraft, In der Fledermaushöhle
- »*Konzentriert geht's wie geschmiert.*« – Geschichte: Drachen-Schach
- »*Wach und still geht's wie ich will.*« – Geschichten: Drachen-Olympiade, Die alte Festung
- »*Ich weiß ich kann, ich bleibe dran.*« – Geschichte: Der Einsiedler

In *Grünensteins Ruheort*, der ersten Geschichte, kommt kein Merkspruch vor, sondern die Einführung des Ruheorts. Diese Geschichte sollte als Erste gelesen werden. Die Reihenfolge der anderen Geschichten ist veränderbar.

Grünensteins Ruheort

Mitten im Meer der Stille verborgen liegt die Dracheninsel. Hier wohnt Grünenstein, ein Freund aller Menschenkinder. Grünenstein ist ein guter Drache und immer vergnügt. Er hat dich eingeladen, mit ihm zusammen die Insel zu erkunden. Am Strand erwartet er dich. Ein roter Teppich ist ausgelegt, nur für dich. Du trittst auf den Teppich und spürst, wie du ruhig wirst. Du spürst die Ruhe in dir, und du spürst die Kraft in der Ruhe.
»Willkommen«, sagt Grünenstein und bläst ein paar lustige Rauchwölkchen aus seiner Nase. »Heute wollen wir nach einem Ruheort suchen.«
»Ich bin dabei!«, sagst du, und schon geht es los.

Zusammen schlendert ihr über den Sandstrand. Grünenstein erklärt dir, was ein Ruheort ist.
»Ein Ruheort«, sagt er, »ist ein Ort, wo du dich gut fühlst, wo viel Ruhe ist, und wo aus dieser Ruhe die Kraft kommt, ist doch klar!«
Du schaust auf die gewaltigen Muskeln unter seinem Schuppenpanzer.
»Hast du an einem Ruheort diese Muskeln bekommen?«, fragst du.
»Nein, das war, als ich einen Felsen, so groß wie ein Haus, vom Meeresstrand den

Vulkanberg hochgerollt habe, bis in den Krater hinein«, brummelt Grünenstein stolz. »Aber nur wegen der Kraft von meinem Ruheort habe ich das versucht, die war schon vorher da.«
»Für mich ist die ganze Insel ein Ruheort«, meinst du.
»Vielleicht«, sagt Grünenstein. »Aber auf der Insel gibt es ganz verschiedene Orte. Welcher davon ist der beste? Das will ich wissen.«
Ihr steigt den Pfad zu den Klippen hinauf. Schritt vor Schritt setzt ihr, du gehst hinter dem breiten Rücken von Grünenstein.
»Hier ist es schön!«, sagst du, als ihr auf den Klippen steht. Über euch segeln Möwen durch den Himmel. Unten braust das Meer. Die Sonne scheint angenehm warm.
»Das ist ein schöner Ort«, meint auch Grünenstein. »Aber gehen wir weiter. Hinter dem schönen Ort kommt vielleicht ein noch schönerer, ist doch klar!«
So wandert ihr von den Klippen weiter, einen Bergpfad hinauf.
Als du stehen bleibst und hochschaust, siehst du weit über euch einen Adler kreisen. Auch Grünenstein ist stehen geblieben und schaut mit dir dem kreisenden Adler zu.
»So durch die Luft zu segeln …«, träumst du. »Ich wollte, ich könnte auch fliegen!«
»Was, du kannst nicht fliegen?«, Grünenstein schaut dich mit großen Augen an. »Na ja, ich auch nicht«, meint er dann kleinlaut. »Ich bin noch zu jung dazu.«
»Wie alt bist du denn überhaupt?«, fragst du.
»Ein paar tausend Jahre müssen es sein«, Grünenstein reckt sich fast noch ein bisschen größer. »Bald komme ich vielleicht sogar in die Schule!« Und er stolziert weiter den Bergpfad hinauf.
Ihr trefft auf einen Bergbach. Und da ist auch schon der See, aus dem er entspringt. Von den Bergwänden rings um den See rieseln Wasserfälle. Um den See liegen Wiesen, und da stehen auch ein paar Bäume.
»Das ist ein schöner Platz!«, sagst du.
»Ein wunderschöner Platz, ist doch klar!«, meint Grünenstein vergnügt.
Ihr wandert am See entlang, und dort an der Felswand trefft ihr auf den Eingang zu einer Höhle. Grünenstein geht voraus.
Die Höhle ist schön gemütlich. Durch die Öffnung seht ihr auf dem See das Flimmern der Wellen, könnt gespiegelte Bäume erkennen und die wirklichen Bäume am Ufer des Sees.
»Das ist mein Ruheort«, sagt Grünenstein und legt sich hin. Du setzt dich zu ihm.
»Ich glaube, der Ruheort des Adlers, das ist der Himmel«, sagst du. »Und mein eigener Ruheort – ich weiß noch nicht. Vielleicht die Wiese am Ufer des Sees. Vielleicht aber auch ein Platz unten im Sand, bei den Wellen.«
»So hat eben jeder seinen eigenen Ruheort, ist doch klar«, sagt Grünenstein.
So ruht ihr ein Weilchen aus, an Grünensteins Ruheort. Ihr schließt die Augen und achtet auf all die Geräusche um euch. Du spürst die Ruhe und die Kraft immer größer und größer werden.
Dann geht es wieder zurück, den Bergpfad hinab und an den Klippen vorbei zum Strand. Und bald seid ihr wieder zu Hause.

Umzug der Drachenmäuse

Mitten im Meer der Stille verborgen liegt die Dracheninsel. Hier wohnt Grünenstein, ein Freund aller Menschenkinder. Grünenstein ist ein guter Drache und immer vergnügt. Er hat dich eingeladen, mit ihm zusammen die Insel zu erkunden. Am Strand erwartet er dich. Ein roter Teppich ist ausgelegt, nur für dich. Du trittst auf den Teppich und spürst, wie du ruhig wirst. Du spürst die Ruhe in dir, und du spürst die Kraft in der Ruhe.
»Willkommen«, sagt Grünenstein. »Heute besuchen wir die Drachenmäuse.«
»Ich bin dabei!«, sagst du, und schon geht es los.

Der Bergpfad geht hoch zu den Klippen. Oben angekommen schaut ihr hinunter aufs Meer.
»Hier ist es schön!«, sagst du. »Und so ruhig!«
»Außer wenn der Vulkan wieder mal ausbricht«, meint Grünenstein vergnügt.
Du schaust zum Vulkankegel hinüber – aber nur ein paar weiße Wölkchen steigen in das Himmelsblau.
»Die Drachenmäuse wohnen jetzt gleich drüben, in der Käsfelsen-Schlucht«, sagt Grünenstein. »Ich hab versprochen, beim Umzug zu helfen.«
Am Eingang der Schlucht seht ihr sie schon – ein Rudel Drachenmäuse hat sich um eine Steinkugel versammelt und versucht, sie hinein in die Schlucht zu schieben. Die Drachenmäuse haben ganz rote Gesichter vor Anstrengung. Die Kugel rührt sich nicht vom Fleck.
»Hallo Mäuschen«, sagt Grünenstein vergnügt, als ihr sie erreicht, »viel vorangekommen seid ihr seit gestern ja nicht.«
Eine würdige graue Drachenmaus wischt sich den Schweiß von der Stirn, zieht ein Maßband heraus und misst: »Einen halben Millimeter«, sagt sie dann stolz. Die anderen Mäuse klatschen und johlen begeistert.
»Nicht schlecht, ist doch klar«, sagt Grünenstein. Er schlendert zur Kugel und klemmt sie sich unter den Arm. Zusammen geht ihr bis zur Stelle, wo die Drachenmäuse ihre neuen Höhlen in die Käse- und Butterfelsen gefressen haben. Grünenstein lässt die Kugel auf den Platz am Fuße der Höhlen fallen, dass der Boden wackeln.
»Unser neuer Fußballplatz«, sagt Grünenstein zu dir. »Was hältst du davon?«
»Ihr spielt Fußball?«
»Die Drachenmäuse sind die eine Mannschaft, und ich bin die andere«, meint Grünenstein. »Morgen machen wir ein Testspiel.«
»Wir müssen noch die Tore aufbauen«, sagt eine Drachenmaus.
»Ist doch klar«, sagt Grünenstein.
Die Drachenmäuse haben schon Pfosten und Balken aus dem Berg herausgeknabbert. Grünenstein trägt sie zum Platz und setzt sie zusammen.
»Passt vorne und hinten nicht«, meint er. »Mal ist es zu kurz, mal zu lang!«

»Du musst dich besser konzentrieren«, sagst du.
Grünenstein schließt die Augen, denkt an seinen Ruheort und lässt ihn tief in sich groß werden. Du meinst fast zu hören, wie er noch einen Merkspruch dazu flüstert: *Schau! – Langsam und genau!*
Grünenstein macht die Augen auf und schaut sich die Pfosten und Balken noch einmal genau an. Dann setzt er sie zusammen, und diesmal richtig. Im Nu sind die Tore aufgebaut.
Die Drachenmäuse klatschen wieder und johlen.
»Zu unserem ersten Spiel wird bestimmt die halbe Insel kommen. Vielleicht bricht sogar der Vulkan aus!«, meint Grünenstein vergnügt.
Die Drachenmäuse geraten ganz aus dem Häuschen. Singend und stampfend begleiten sie euch bis zu den Klippen zurück.
Ihr verabschiedet euch. Und schaut noch einmal über das Meer. Dann steigt ihr den Bergpfad hinab. Bald seid ihr wieder zu Hause.

Der Piraten-Horst

Mitten im Meer der Stille verborgen liegt die Dracheninsel. Hier wohnt Grünenstein, ein Freund aller Menschenkinder. Grünenstein ist ein guter Drache und immer vergnügt. Er hat dich eingeladen, mit ihm zusammen die Insel zu erkunden. Am Strand erwartet er dich. Ein roter Teppich ist ausgelegt, nur für dich. Du trittst auf den Teppich und spürst, wie du ruhig wirst. Du spürst die Ruhe in dir, und du spürst die Kraft in der Ruhe.
»Willkommen«, sagt Grünenstein. »Heute wollen wir zum Piraten-Horst.«
»Ich bin dabei!«, sagst du, und schon geht es los.

Den Bergpfad geht es hinauf zu den Klippen. Hinter den Klippen führt der Pfad über eine Hängebrücke, die leicht unter dir schwankt. Du lässt deinen Ruheort in dir entstehen und Ruhe und Kraft ganz groß werden. »Nur ruhig Blut, dann geht's gut«, denkst du in dich hinein. Und schon seid ihr auf der anderen Seite.
Grünenstein zeigt dir schon von weitem die Bretterbuden, die an eine Bergwand gebaut sind. »Das ist der Piraten-Horst. Von hier haben die Piraten Ausschau nach anderen Schiffen gehalten, die sie ausplündern konnten, ist doch klar.«
Über eine Leiter geht es hinein. »Ist denn auch niemand da«, fragst du besorgt.
»Die haben wir schon lange vertrieben, ist doch klar«, sagt Grünenstein vergnügt. »Immer nur Scherereien … Die Drachenmäuse erzählen noch heute von dem Kampf.«
Auf einer Stange vor der höchsten Bude hängen noch Fetzen einer Piratenflagge.
»Warst du auch dabei?«, fragst du.

»Nein«, antwortet Grünenstein. »Ich war auf der anderen Seite der Insel am Korallenstrand und hab versucht, mit einem Wal zu sprechen.«
Die Tür zu einer der Bretterbuden knarrt. »Das ist der Wind«, behauptet Grünenstein. Dir ist unheimlich. Du lässt deinen Ruheort in dir entstehen und Ruhe und Kraft ganz groß werden. »*Nur ruhig Blut, dann geht's gut*«, denkst du in dich hinein. Du schaust auf das Meer hinaus, dorthin, wo es mit dem Himmel verschmilzt. Sind da nicht Segel zu sehen? Möwen sind es, die ziehen ihre Kreise über dem Meer.
Im einzigen steinernen Haus steht die Schatztruhe. Grünenstein öffnet sie. Nur eine Muschelschale liegt darin. Und ein Stück Papier.
Grünenstein faltet das Papier auseinander und zeigt es dir. »Na so was«, grollt er. »Das sieht aus wie der Fetzen von einer Schatzkarte.«
»Vielleicht haben die Piraten ihren Schatz mitgenommen und woanders versteckt«, überlegst du. »Ist auf der Karte ein Kreuz?«
»Ich kann nichts entdecken«, brummelt Grünenstein. »Und der größere Teil der Karte fehlt.«
Ihr geht wieder hinaus. Du nimmst die Muschelschale mit, und Grünenstein steckt sich die Karte zwischen die Schuppen. »Vielleicht ist da ja nichts«, grollt er, »aber man kann nie wissen.«
Noch einmal schaut ihr über das Meer und in den Himmel hinein. Dann beginnt wieder der Abstieg. An den Klippen geht es vorbei, und bald seid ihr wieder zu Hause.

Im Tal der Schmetterlinge

Mitten im Meer der Stille verborgen liegt die Dracheninsel. Hier wohnt Grünenstein, ein Freund aller Menschenkinder. Grünenstein ist ein guter Drache und immer vergnügt. Er hat dich eingeladen, mit ihm zusammen die Insel zu erkunden. Am Strand erwartet er dich. Ein roter Teppich ist ausgelegt, nur für dich. Du trittst auf den Teppich und spürst, wie du ruhig wirst. Du spürst die Ruhe in dir, und du spürst die Kraft in der Ruhe.
»Willkommen«, sagt Grünenstein. »Heute wollen wir ins Tal der Schmetterlinge.«
»Ich bin dabei!«, sagst du, und schon geht es los.

Euer Weg führt über die Hügel. ihr kommt durch weite Wiesen, wo lange Halme im Wind wehen. Ab und zu siehst du einen Schmetterling über den Weg flattern und denkst, dass ihr nun angekommen seid. Aber »weiter, weiter«, winkt Grünenstein. Dann trifft euer Weg auf einen Fluss und folgt ihm. Grünenstein brummt ein Drachenlied. Du summst ab und zu ein paar Töne mit.
Plötzlich bleibt Grünenstein stehen. Er winkt dir, ganz ruhig zu sein. Er zeigt zum Fluss. Dann siehst du es selbst – am braunen Ufer ein buntes Wimmeln von unzähligen Schmetterlingen.

Ihr geht näher heran. Schmetterlinge wirbeln um dich.

»Das ist wunderschön!«, sagst du.

»Ist doch klar«, brummt Grünenstein. An einem Uferbaum ist gerade ein Schmetterling geschlüpft. Er breitet zum ersten Mal seine Flügel aus. Ganz zerknittert sehen sie aus. Im Licht der Sonne werden sie straffer, du siehst, wie sie vom Leben durchflutet werden.

»*Tief innen ist alle Kraft drinnen*«, flüstert Grünenstein.

Ihr seht zu, wie sich der Schmetterling vom Licht der Sonne wärmen lässt. Bereits geschlüpfte Schmetterlinge umflattern euch.

Dann schlägt der Schmetterling mit den Flügeln – noch einmal –, und schon flattert er los und verschwindet im Treiben der anderen.

»Wunderschön«, sagst du noch einmal.

»Der Schmetterling hat diese Kraft«, sagt Grünenstein. »So lange war er eingesponnen in seiner Hülle. Aber die Kraft in ihm, die wurde größer und größer in dieser Ruhe. Und so eine Kraft haben wir alle in uns. Du«, Grünenstein lacht dich an, »und ich auch«, sagt er dann.

»*Tief innen ist alle Kraft drinnen*«, sagst nun auch du.

Grünenstein schlägt mit seinen winzigen Flügeln. »Ob ich auch einmal fliegen kann?«, fragt er.

»Wenn du wirklich noch ein junger Drache bist, vielleicht«, antwortest du. »Aber ich bestimmt nicht«, sagst du, »denn Flügel habe ich nicht.«

»Dafür könnt ihr Menschen so vieles andere«, meint Grünenstein. »Die Kraft ist in jedem von uns, aber in jedem ein bisschen anders – ist doch klar!«

Ihr sitzt noch ein wenig am Fluss unter den Schmetterlingen. Dann wandert ihr über die Hügel zurück. Bei jedem Schmetterling denkst du an die Kraft, die in jedem steckt. Die in der Ruhe wächst und alle Stärke hervorbringt. Und bald seid ihr wieder zu Hause.

Das Tor der Kraft

Mitten im Meer der Stille verborgen liegt die Dracheninsel. Hier wohnt Grünenstein, ein Freund aller Menschenkinder. Grünenstein ist ein guter Drache und immer vergnügt. Er hat dich eingeladen, mit ihm zusammen die Insel zu erkunden. Am Strand erwartet er dich. Ein roter Teppich ist ausgelegt, nur für dich. Du trittst auf den Teppich und spürst, wie du ruhig wirst. Du spürst die Ruhe in dir, und du spürst die Kraft in der Ruhe.

»Willkommen«, sagt Grünenstein. »Heute wollen wir zum Tor der Kraft.«

»Ich bin dabei!«, sagst du, und schon geht es los.

Vom Sandstrand geht es durch Palmenwälder, und dann beginnen die Hügel. Endlich gelangt ihr in ein Tal, das von einem breiten Fluss durchströmt wird. Und am Ufer des Flusses liegt eine verlassene Stadt, von Mauern umgeben. Vier Tore führen hinein.

»Unter uns Drachen heißt es, wer ganz langsam durch das Tor der Kraft spaziert, der gewinnt dabei Kraft«, behauptet Grünenstein.

»Warum gehst du dann nicht dauernd durch das Tor?«, fragst du.

»Weil ich dann sicher vor Kraft platzen würde, ist doch klar!«, sagt Grünenstein, reckt sich noch ein bisschen und spannt seine Muskeln. »Außerdem wirkt das nur einmal im Jahr.«

Das Tor liegt direkt vor euch. Ihr seid stehen geblieben. »Also, ganz langsam«, schärft dir Grünenstein ein. »Sonst wirkt es nicht.«

So schlendert ihr also ganz langsam durch das mächtige Steintor.

»Und, hat es gewirkt?«, fragst du.

»Keine Ahnung«, meint Grünenstein. »Das wird sich zeigen, wenn ich die Kraft brauche, ist doch klar!«

Ihr steht auf einem leeren Platz in der Stadt. Auch der Brunnen in der Mitte des Platzes ist leer. Eine Eidechse sonnt sich auf dem Brunnenrand. Als ihr herankommt, verschwindet sie.

Grünenstein beugt sich über den Brunnenrand. Er beugt sich noch weiter und noch weiter hinüber – da verliert er das Gleichgewicht und fällt hinein. Du hörst einen mächtigen Plumpser.

»Grünenstein!«, erschrocken rufst du nach ihm und läufst hin.

Grünenstein liegt auf dem Brunnenboden und richtet sich schon wieder auf. Er schüttelt den schweren Kopf. Die Brunnenwände sind hoch. Er flattert mit seinen winzigen Flügeln, aber die tragen ihn nicht.

»Wenn ich das Seil hätte, ich könnte mich schon hochziehen«, brummt er niedergeschlagen.

»Was für ein Seil?«, fragst du.

»Das Seil in dem blauen Haus am Rande des Platzes. Wir haben es dort verstaut, als wir letztes Mal in den Brunnen gestiegen sind, mein Freund Wackerstein und ich«, brummt Grünenstein.

Sofort schaust du dich um. Da ist das blaue Haus. Du rennst hin. Es ist dunkel drinnen. Dir ist bange. Aber Grünenstein ist gefangen. Du gibst dir einen Ruck.

Du denkst an deinen Ruheort und lässt die Ruhe in dir ganz groß werden. Du spürst, wie Ruhe und Kraft in dir wachsen.

»*Mit Mut geht's gut*«, sagst du dir. Und trittst in die Dunkelheit.

Schon nach wenigen Schritten stolperst du fast über das Seil. Du tastest nach ihm und hältst es fest. Schnell ist es zum Brunnen geschafft. Grünenstein ist auf dem Brunnengrund eingeschlafen. Er schnarcht.

Du befestigst das Seil an einem Brunnenpfeiler und wirfst das andere Ende hinab, direkt auf Grünenstein.

Mit einem tiefen Schnauben erwacht er und gähnt. »Hab nur mal ein Nickerchen gemacht, ist doch klar«, brummt er und greift nach dem Seil. Bald steht er wieder oben bei dir.
»Siehst du, die Kraft hat gewirkt«, meint er zufrieden.
»Na klar«, denkst du dir. »*Mit Mut geht's gut.*«
Ihr verstaut das Seil wieder im blauen Haus. Dann wandert ihr zurück, durch das Tor der Kraft. Über die Hügel geht es, durch Palmenwälder, und bald seid ihr wieder zu Hause.

 ## Drachen-Schach

Mitten im Meer der Stille verborgen liegt die Dracheninsel. Hier wohnt Grünenstein, ein Freund aller Menschenkinder. Grünenstein ist ein guter Drache und immer vergnügt. Er hat dich eingeladen, mit ihm zusammen die Insel zu erkunden. Am Strand erwartet er dich. Ein roter Teppich ist ausgelegt, nur für dich. Du trittst auf den Teppich und spürst, wie du ruhig wirst. Du spürst die Ruhe in dir, und du spürst die Kraft in der Ruhe.
»Willkommen«, sagt Grünenstein. »Heute wollen wir mal dem Park einen Besuch abstatten.«
»Ich bin dabei!«, sagst du, und schon geht es los.

Über die Hügel wandert ihr in die verlassene Stadt. Am Ufer des Flusses liegt ein weitläufiger Park. Zwei Eichhörnchen jagen durch das Gras und jagen die Stämme von Bäumen hinauf. Oben halten sie ganz still und schauen mit großen Augen zur Erde, wo gerade ein Drache und ein Menschenkind vorübergehen. Im Fluss schwimmen Enten. Tauben gurren. Sobald ihr einer zu nahe kommt, fliegt sie auf.
Im verwilderten Rosengarten stehen Drachen. Sie achten gar nicht auf euch, als ihr herantretet, so konzentriert schauen sie auf das im Boden eingelassene Schachbrett. Ein paar Figuren stehen auf dem Brett, aber die meisten sind schon geschlagen und liegen am Rand.
Ein Drache bewegt seine Hand. Sie schwebt über einer weißen Figur, einem Drachen auf einem Pferd –, die Hand zieht sich wieder zurück, bewegt sich zu einer anderen Figur – und wieder zur ersten Figur zurück. Lange bleibt sie dort in der Luft. Dann gibt sich der Drache einen Ruck, greift nach dem berittenen Drachen und schlägt eine schwarze Figur. Der Drachenläufer mit der Lanze landet am Spielfeldrand.
Triumphierend schaut der Drache sein Gegenüber an.
Das verzieht keine Miene und greift sofort zur Dame auf dem Feld, einem Drachen mit Schleier, der eine Rose hält. Er setzt ihn energisch auf ein leeres Feld: »Schach – Matt!«

Der unterlegene Drache reißt die Augen auf. Flammen züngeln aus seiner Nase. Er öffnet den Mund.

Der Sieger aber greift sich in aller Ruhe einen Kieselstein, der auf einem Podest am Spielfeldrand liegt, und verspeist ihn genüsslich.

»Drachen-Schach«, flüstert dir Grünenstein ins Ohr. »Schlussstein hat wieder einmal verloren. Und Schlauenstein isst nun den Siegespreis, feines Gebäck aus Vulkanstein.«

Du verziehst das Gesicht. Aber Grünenstein auch, denn der Unterlegene fordert nun ihn selbst zu einem neuen Spiel auf. Sie stellen die Figuren auf, und Grünenstein beginnt.

Aber er spielt nicht gut. Figur um Figur nimmt ihm der Gegner ab.

»Du musst dich besser konzentrieren«, flüsterst du ihm ins Ohr. »Mach doch eine Entspannung, und sag dir einen Spruch dazu.«

»Was für einen Spruch denn?«, flüstert Grünenstein zurück.

»*Konzentriert geht's wie geschmiert*«, flüsterst du. »Hier wird nicht getuschelt!«, grollt der Schiedsrichter.

Aber Grünenstein lässt sich für seinen nächsten Zug mehr Zeit. Du spürst, wie er sich seinen Ruheort vorstellt und die Ruhe in sich groß werden lässt. Und jetzt flüstert er wohl gerade seinen Merkspruch in sich hinein: »*Konzentriert geht's wie geschmiert.*« Und wirklich, das Spiel wendet sich. Am Schluss hätte Grünenstein fast noch gewonnen. Die Spieler einigen sich auf ein Unentschieden.

So bekommt denn jeder der beiden Drachen einen halben Kieselstein. Aber zufrieden sind sie beide.

Du wanderst mit Grünenstein noch ein bisschen durch den Rosengarten, und dann geht es über die Hügel.

»*Konzentriert geht's wie geschmiert* – du hast mir geholfen, ist doch klar!«, sagt Grünenstein zu dir auf dem Rückweg. Und bald seid ihr wieder zu Hause.

 ## Drachen-Olympiade

Mitten im Meer der Stille verborgen liegt die Dracheninsel. Hier wohnt Grünenstein, ein Freund aller Menschenkinder. Grünenstein ist ein guter Drache und immer vergnügt. Er hat dich eingeladen, mit ihm zusammen die Insel zu erkunden. Am Strand erwartet er dich. Ein roter Teppich ist ausgelegt, nur für dich. Du trittst auf den Teppich und spürst, wie du ruhig wirst. Du spürst die Ruhe in dir, und du spürst die Kraft in der Ruhe.

»Willkommen«, sagt Grünenstein. »Heute wollen wir zur Drachen-Olympiade.«

»Ich bin dabei!«, sagst du, und schon geht es los.

Zwischen den Hügeln liegt eine Ebene, vom Fluss durchströmt. Dort sind viele Drachen von der ganzen Insel zusammengekommen, zur Drachen-Olympiade. Du staunst gemächlich daherwatschelnden Drachen-Opas nach und jungen Hüpfern, die kaum aus dem Ei gekrochen sind, kleinen und großen, braunen und grünen, schmalen und dicken – ein paar fliegen sogar von den ferneren Bergen ein. Und du wirst selbst angestaunt, Menschenkinder sind selten auf der Dracheninsel.
Neben Grünenstein fühlst du dich wohl. »Das ist das Siegerpodium«, er zeigt auf drei Felswürfel. Aber noch steht niemand darauf. Denn die Wettbewerbe haben noch nicht begonnen.
Der erste wird gerade vorbereitet, es ist der Lauf für ungeflügelte Drachen. An der mit weißer Kreide gezogenen Linie haben sich schon einige Teilnehmer versammelt. »Wo ist denn das Ziel?«, fragst du. »Dort drüben, ist doch klar«, Grünenstein zeigt auf eine zweite weiße Linie, kaum zwanzig Meter hinter der ersten.
»Das wird ein kurzes Rennen«, sagst du enttäuscht.
»Glaube ich nicht«, meint Grünenstein. »Gewonnen hat nämlich, wer als Letzter ins Ziel kommt.« Du siehst, dass sich einige Zuschauer Sofas mitgebracht haben, die sie nun am Rand der Bahn aufstellen.
»Oh«, Grünenstein geht interessiert weiter und zieht dich mit, »schau mal, da bereiten sie gerade den Wettbewerb der Feuerspeier vor!« Vor einer weißen Wand üben ein paar Drachen, Feuer zu speien. Das klappt ja ganz gut, findest du. Aber Grünenstein schüttelt besorgt den Kopf.
»Sie müssen noch üben. Sieger wird nämlich der, der die ruhigste Flamme speien kann, über die längste Zeit. Bloß kurz ein paar wilde Feuerstöße, das zählt nicht, ist doch klar!«
Grünenstein zieht dich weiter, er hat einen weiteren Wettbewerb entdeckt. »Da könnte ich auch mitmachen, ist doch klar!«, flüstert er dir ins Ohr und zeigt auf Drachen, die vor einer Felswand stehen und sie einer nach dem anderen anschreien, so laut, dass sie wackelt. »Ich kann ganz laut und kann ganz leise«, hörst du sie rufen.
»So laut habe ich dich noch nie rufen gehört«, meinst du.
»Aber bei diesem Wettbewerb gewinnt ...«, beginnt Grünenstein, »wer am leisesten ist?«, hast du einen Verdacht.
»Nein«, verbessert dich Grünenstein vergnügt, »wer zwar laut, aber auch ganz leise sein kann. Deshalb heißt es ja eben ›Ich kann ganz laut und kann ganz leise‹.«
Du siehst jetzt, wie die Wand zu wackeln aufgehört hat. Die Drachen versuchen nun zu flüstern, und der Schiedsrichter achtet darauf, dass sie nicht schummeln und einfach still sind, sondern nur fast unhörbar leise.
»Das ist viel schwieriger, als laut zu sein«, flüstert dir Grünenstein zu.
Und wirklich, einige Drachen können es nicht.
»Wenn du mitmachst, kannst du vor diesem ruhigen Teil an deinen Ruheort denken«, sagst du. »Und einen Spruch kenne ich auch: ›*Wach und still geht's wie ich will.*‹«

Grünenstein wird noch zum Wettbewerb angenommen. Du siehst ihm zu, wie er die Wand zum Wackeln bringt. Und wie er flüstert.
Bei der Siegerehrung platzt Grünenstein vor Stolz, denn er hat gewonnen. »Der Lauteste war ich nicht, aber der Leiseste, und das war das Wichtigere«, verrät er dir, als ihr euch auf den Heimweg macht.
Am Fluss entlang führt euer Weg, durch die Hügel. Ihr geht fröhlich voran, und bald seid ihr wieder zu Hause.

 Die alte Festung

Mitten im Meer der Stille verborgen liegt die Dracheninsel. Hier wohnt Grünenstein, ein Freund aller Menschenkinder. Grünenstein ist ein guter Drache und immer vergnügt. Er hat dich eingeladen, mit ihm zusammen die Insel zu erkunden. Am Strand erwartet er dich. Ein roter Teppich ist ausgelegt, nur für dich. Du trittst auf den Teppich und spürst, wie du ruhig wirst. Du spürst die Ruhe in dir, und du spürst die Kraft in der Ruhe.
»Willkommen«, sagt Grünenstein. »Heute wollen wir zur alten Festung.«
»Ich bin dabei!«, sagst du, und schon geht es los.

Auf dem Bergpfad kommt ihr hoch über das Meer. Du drehst dich um und siehst weißen Schaum auf den Wellen. Das sieht schön aus. Das Meer braust gewaltig gegen die Klippen. Ein tiefer Friede liegt über allem. Ob das am Himmel liegt? Nur ein paar Federwolken ziehen durchs Blau.
Grünenstein ist weitergegangen. Nun bleibt er stehen und zeigt auf den Berg. Zwischen Felstürmen sind Mauern zu sehen. »Das ist die alte Festung!«, sagt er.
Als ihr die Festung erreicht habt, staunst du. Die Mauern sind hoch! Ein einziges Tor führt hindurch – aber das ist verschlossen.
»Hoffentlich hast du den Schlüssel dabei«, sagst du besorgt.
»Ist doch klar«, antwortet Grünenstein vergnügt.
Er brummt ein Drachenlied, liest einen Kieselstein vom Wegrand auf und wirft ihn hoch oben an das gewaltige Tor.
»Daneben«, grollt er, lässt ein paar Rauchwölkchen aus seiner Nase steigen und probiert es singend von Neuem.
»Wieder daneben!«, grollt er sogleich.
»Was machst du denn da?«, fragst du.
»Ich benutze den Schlüssel«, sagt Grünenstein fröhlich. »Du musst mit einem Stein den steinernen Drachenkopf dort oben treffen – dann öffnet sich das Tor.«
»Wieder daneben«, grollt er schon wieder.
»Versuch es doch mit deinem Ruheort und einem Spruch«, sagst du. » ›Wach und still geht's wie ich will‹, das passt!«

»Na gut«, sagt Grünenstein vergnügt und hört auf zu singen. Er schließt seine Augen, und du kannst fast spüren, wie er sich seinen Ruheort vorstellt und in sich groß werden lässt. Er sagt sich leise den Spruch vor, unhörbar, ganz tief in sich hinein: *»Wach und still geht's wie ich will.«* Er öffnet die Augen und versucht es noch einmal. Und wirklich, diesmal trifft er! Knirschend gleiten die beiden Torflügel zur Seite.
Ihr tretet in die alte Festung.
Grünenstein führt dich herum. Ihr steigt auf den Turm und schaut auf das Meer. Grünenstein zeigt dir die Kanone, mit der früher auf Schiffe dort unten geschossen wurde. Sie ist ganz verrostet. Aber ein paar große Steinkugeln liegen noch neben ihr.
Den großen Saal bestaunst du, wo früher die Drachen zusammensaßen und aßen und tranken und Flammen spien.
Und die Schlafgemächer, wo sie ruhten und schnarchten und sich auch nicht aus der Ruhe bringen ließen, wenn der Vulkan wieder mal ausbrach.
Die Schatzkammer steht leer. »Keine Ahnung, wo all das Gold und die Juwelen gelandet sind«, Grünenstein kratzt sich die Schuppen.
Schließlich seid ihr wieder am Tor und verlasst die Festung. Das Tor schließt sich hinter euch.
Der Weg den Bergpfad hinunter ist steil, aber ihr geht freudig voran, und bald seid ihr wieder zu Hause.

 ## Der Einsiedler

Mitten im Meer der Stille verborgen liegt die Dracheninsel. Hier wohnt Grünenstein, ein Freund aller Menschenkinder. Grünenstein ist ein guter Drache und immer vergnügt. Er hat dich eingeladen, mit ihm zusammen die Insel zu erkunden. Am Strand erwartet er dich. Ein roter Teppich ist ausgelegt, nur für dich. Du trittst auf den Teppich und spürst, wie du ruhig wirst. Du spürst die Ruhe in dir, und du spürst die Kraft in der Ruhe.
»Willkommen«, sagt Grünenstein. »Heute besuchen wir den Einsiedler.«
»Ich bin dabei!«, sagst du, und schon geht es los.

Den Bergpfad ein ganzes Stück hinauf liegt die Einsiedlerhöhle. Ein gewaltiger grauer Drache sitzt unter dem vorspringenden Felsdach und schaut hinunter auf das Meer.
»Das ist Graustein«, sagt dir Grünenstein, als ihr näher kommt. »Es heißt, er kennt alle Merksprüche der ganzen Dracheninsel, und er wohnt schon über tausend Jahre hier.«
»Tausendundsieben Jahre«, grollt der alte Drache zur Begrüßung. »Und *ein* Merkspruch, ein einziger Merkspruch fehlt mir. Den ganzen Tag denke ich darüber nach und sage sie mir alle auf. Aber auf diesen einen komme ich nicht.«

Graustein seufzt tief und schaut hinunter aufs Meer. »Die Wellen hab ich gefragt, die Möwen, sogar den Vulkan, aber niemand kennt den verlorenen Merkspruch.«
»Hat der Vulkan denn geantwortet?«, fragt Grünenstein neugierig.
»Aber ja«, grollt der Einsiedler. »Erst neulich hat er wieder kräftig Felsen und Lava gespuckt. Was er sagt, ist schwer zu verstehen. Aber ich verstehe es doch!«
Du bist beeindruckt.
»Hast du denn auch andere Drachen gefragt?«, fragst du dann.
»Andere Drachen? Was sollten andere Drachen denn wissen! Ich bin der weiseste von allen!«, grummelt Graustein.
»Aber niemand kann alles wissen«, meinst du. »Jeder weiß etwas, das ein anderer nicht weiß.«
»Vielleicht kennt ja ihr den vergessenen Merkspruch«, meint der Einsiedler nachdenklich.
Ihr bemüht euch, alle Merksprüche herzusagen, die ihr kennt. Aber immer schüttelt Graustein den Kopf: »Kenne ich schon.«
»Ich weiß ich kann, ich bleibe dran«, sagst du schließlich.
Der Einsiedler erstarrt. »Das ist er!«, grollt er dann. »Ausgerechnet diesen hatte ich vergessen und doch immer genau nach ihm gehandelt!«
»Vielleicht hast du ihn deshalb vergessen«, meint Grünenstein. »Weil er für dich so klar war.«
»Schönen Dank auch«, sagt der Einsiedler. »Ich gebe euch ein Geschenk dafür. Schaut, diese Muschel. Wenn ihr das Ohr an sie legt und horcht, dann hört ihr das Meer!«
Du legst die Muschel ans Ohr, und wirklich kannst du das Meer in ihr hören.
»Das ist wie ein Ruheort«, meinst du.
Ihr wandert den Bergpfad wieder hinab. Bald steht ihr am Strand. Hier schenkst du Grünenstein die Muschel, weil sie doch zur Insel gehört.
»Aber du kannst immer an ihr hören, wenn du hier bist«, sagt Grünenstein. Ihr verabschiedet euch, und bald seid ihr wieder zu Hause.

In der Fledermaushöhle

Mitten im Meer der Stille verborgen liegt die Dracheninsel. Hier wohnt Grünenstein, ein Freund aller Menschenkinder. Grünenstein ist ein guter Drache und immer vergnügt. Er hat dich eingeladen, mit ihm zusammen die Insel zu erkunden. Am Strand erwartet er dich. Ein roter Teppich ist ausgelegt, nur für dich. Du trittst auf den Teppich und spürst, wie du ruhig wirst. Du spürst die Ruhe in dir, und du spürst die Kraft in der Ruhe.
»Willkommen«, sagt Grünenstein. »Heute besuchen wir die Fledermaushöhle.«
»Ich bin dabei!«, sagst du, und schon geht es los.

Ihr steigt den Pfad hinauf, Schritt für Schritt. Es tut gut, hier zu sein. Möwen segeln am Himmel. Der Klang des Meeres, wenn die Wellen den Strand hinauflaufen. Der Geruch von Tang und Salz. Du fühlst dich wohl.
Hoch zu den Klippen wandert ihr, und weiter, den Bergpfad hinauf. Ihr kommt am See vorbei, hinter dem die Höhle mit Grünensteins Ruheort liegt.
»Bist du oft dort?, fragst du.
»Manchmal«, antwortet der. »Aber wenn ich mal so richtig Ärger habe, dann stell ich mir die Höhle einfach nur vor, und wie ruhig dort alles ist, und wie in der Ruhe die Kraft in mir wächst.«
»Wann hast du denn Ärger?«, fragst du.
»Wenn etwa der Vulkan ausbricht und mir die Felsbrocken um die Ohren fliegen, und die heiße Lava den Berg hinunterströmt«, sagt Grünenstein gemütlich.
Du bist beeindruckt.
»Oder wenn ich in der Schule eine Klassenarbeit schreiben soll«, setzt Grünenstein dazu.
»Gehst du denn zur Schule?«, fragst du.
»Noch nicht«, sagt Grünenstein, »aber vielleicht bald. Und dann brauche ich so einen Ruheort, der Ruhe und Kraft gibt, ist doch klar.«
Ihr seid an einem Höhleneingang angekommen. Es ist ganz still. Grünenstein hält einen Finger vor den Mund, dass auch ihr still sein sollt. Langsam geht ihr hinein.
Im Dämmerlicht siehst du die Fledermäuse an der Decke hängen. Unheimlich sieht das aus. Dein Herz klopft. Du achtest auf deinen Atem, wie er einströmt und ausströmt, und du spürst, wie die Ruhe in dir größer wird. »*Mit Mut geht's gut*«, sagst du in dich hinein.
Manchmal, wenn ihr über einen Stein stolpert, scheinen die Fledermäuse unruhiger zu werden. Aber sie bleiben doch oben.
Ein feines Wispern scheint in der Luft zu liegen. Je länger ihr in der Stille seid, desto besser kannst du es hören.
Grünenstein verschwindet in einem Durchgang. Du folgst ihm. Nebeneinander steht ihr in einer Kammer aus Fels. Alles schimmert in einem milchigen Licht. In der Mitte der Kammer liegt auf einem Felsen ein Ei.
»Ein Drachen-Ei«, flüstert Grünenstein.
Du schaust schnell an die Decke – dort hängen keine Fledermäuse.
»Dass aus so einem kleinen Ei einmal ein Drache schlüpft ...«
»Tief innen ist alle Kraft drinnen«, sagst du.
Ein bisschen bleibt ihr in der Kammer, dann geht ihr vorsichtig zurück durch die Fledermaushöhle. Du freust dich, als ihr wieder im Freien steht. Die Sonne ist schön! Der Himmel ist schön! Die ganze Insel ist schön!
Du gehst im Rhythmus deines Atems. Dein Atem strömt ein und aus, ein und aus, ganz ruhig und gleichmäßig, ganz von allein. An den Klippen vorbei führt der Bergpfad hinab. Die Wellen des Meeres begleiten euch mit ihrem Klang. Und bald seid ihr wieder zu Hause.

Progressive Muskelentspannung

Der US-amerikanische Physiologe Edmund Jacobson (1885–1976) entwickelte in den 1920er-Jahren die *Progressive Muskelentspannung* (oder Progressive Muskelrelaxation). Eine erste Buchveröffentlichung erfolgte 1929, ein Ratgeber 1934 (deutsch Jacobson 1990).

Dieses Entspannungsverfahren arbeitet folgendermaßen:
- Muskeln (etwa der Hand) werden angespannt.
- Das Gefühl der Anspannung wird wahrgenommen.
- Die Anspannung wird losgelassen.
- Auf das Gefühl danach wird geachtet, im Unterschied zur Anspannung vorher – das ist die Entspannung.

So werden nach und nach die Muskelgruppen des Körpers angesprochen, sie werden erst angespannt, dann durch Loslassen der Anspannung entspannt. Dabei wird immer auf die Empfindung des Unterschieds von Anspannung und Entspannung geachtet.

Entspannung ist hier also Loslassen selbst erzeugter Anspannung. Die so muskulär hergestellte Entspannung soll sich zunächst über die ganze Muskulatur ausbreiten und dann über die Psyche.

Die Progressive Muskelentspannung wird wie das Autogene Training auch therapeutisch genutzt, es ist ein in vielen Studien gut untersuchtes und in seinem Erfolg bestätigtes Verfahren. Ursprünglich war dieses Verfahren sehr aufwendig, heute werden nur noch die wichtigsten Muskelgruppen angespannt und entspannt. Wesentlich für den Erfolg ist nicht, alle Muskeln zu entspannen. Das wiederholte Achten auf den Unterschied zwischen Anspannung und Entspannung gilt als entscheidend.

Eingeübt wird am besten in der angelehnten Sitzhaltung (siehe S. 129). Die Übungen funktionieren auch in der Liegehaltung (S. 129), etwa die Nacken- und die Rückenübung sind dort aber weniger leicht durchführbar.

Zwar ist es besser, wenn die Augen beim Üben geschlossen sind, das erleichtert das Spüren der Anspannung und Entspannung. Zumindest die ersten Male wird das Kind aber schauen wollen, wie die Beschreibungen zur Anspannung der Muskeln gemeint sind und dabei auf die Leitung schauen. Das ist in Ordnung, ja, jedes Kind sollte das tun können und nicht verdeckt sitzen, sodass es die Leitung immer im Auge behalten kann. In der Liegehaltung allerdings haben die Kinder Probleme, die Leitung anzuschauen, ohne ihr eigenes Üben zu beeinträchtigen. Später, wenn die Übungen bekannt sind, können die Kinder ermutigt werden, die Augen während der Durchführung der Übungen zu schließen.

Die Progressive Muskelentspannung beginnt bei den am leichtesten zu entspannenden Händen und Unterarmen und schreitet dann zu anderen Körperteilen fort – daher ihr Namensbestandteil »progressiv«, das bedeutet fortschreitend.

Wir können zwar alle Teilübungen der Muskelentspannung gleich beim ersten Mal durchführen, besser aber ist es, sie nach und nach und aufeinander aufbauend einzuführen, ganz so wie die Entspannungsformeln des Autogenen Trainings. In der ersten Entspannungsstunde wird also die Entspannung der Arme eingeübt. In der zweiten Stunde wird diese wiederholt und die Entspannung der Schultern angehängt usw.

Jede neue Übung sollte mehrfach wiederholt werden, am besten drei Mal. Nach der Übung erfolgt dann eine Rücknahme der Entspannung: Wir recken und strecken uns noch einmal. Wenn immer mehr Teilübungen dazukommen, werden die schon bekannten Übungen nur noch einmal durchgeführt. Die Rücknahme der Entspannung erfolgt immer nur nach der letzten Entspannungsübung, nicht zwischen den Übungen.

Für Kindergartenkinder können die Anleitungen auch verkürzt werden, wir können uns dann auf Arme, Schultern, Bauch und Beine beschränken.

Am Ende jeder Teilentspannung steht die Formel: »Achte auf deinen Atem, wie er ruhig einströmt und ausströmt.« Das gehört nicht mehr zur Progressiven Muskelentspannung, sondern soll sicherstellen, dass beim wiederholten An- und Entspannen der Atem nicht angehalten wird. Wenn die Kinder aber normal weiteratmen, kann diese Formel auch weggelassen werden.

Hier nun also eine Version der Progressiven Muskelentspannung für Kinder – eingebettet in eine Vorbereitung für ein Ritterturnier.

Grundbild: Ritterturnier

»Stellt euch vor, wir bereiten uns auf ein Ritterturnier vor. Überall lernen wir etwas, damit wir ganz locker und entspannt für das Ritterturnier werden. Und das üben wir jetzt, ganz locker und entspannt.«

1. Arme
Bild: »*Vom Ritter Sausewind lernen wir, die Arme ganz ruhig und entspannt werden zu lassen, für das Reiten auf dem Pferd.*«

Übung: »*Winkle deine Arme an und balle deine Hände zur Faust. Balle sie ganz fest, immer noch mehr, so fest du kannst. Spür die Spannung in deinen Händen und in deinen ganzen Armen. Halte die Spannung noch eine kurze Zeit … (etwa fünf Sekunden) … Und dann lass los, die Hände sinken wieder zurück … Lass die Hände ganz locker werden und achte darauf, wie sich das anfühlt. Das ist die Entspannung. Lass alle Spannung in deiner Hand los und achte auf das Gefühl der Entspannung. Achte darauf, wie es sich ausbreitet … (etwa zwanzig Sekunden). Achte auf deinen Atem, wie er ruhig einströmt und ausströmt.*«

Nachbild: »*Nun können unsere Arme ganz ruhig und entspannt unser Pferd auf dem Turnier lenken.*«

2. Schultern
Bild: »*Von Ritter Lanzelot lernen wir, die Schultern ganz locker und entspannt werden zu lassen, für das Aufprallen der Lanzen.*«

Übung: »*Zieh beide Schultern hoch, so hoch es geht, bis zu den Ohren. Achte auf die Spannung, die dabei in deinen Schultern entsteht … (etwa fünf Sekunden) … Und dann lass los. Lass die Schultern wieder nach* unten fallen und löse alle Spannung in ihnen. Achte darauf, wie sich die Entspannung ausbreitet. Versuche, die Entspannung noch tiefer zu machen, sich noch weiter ausbreiten zu lassen. Die Muskeln werden locker und leicht ... (etwa zwanzig Sekunden). Achte auf deinen Atem, wie er ruhig einströmt und ausströmt.«

Nachbild: »Nun sind unsere Schultern ganz locker und entspannt für das Aufprallen mit den Lanzen auf dem Turnier.«

3. Gesicht
Bild: »Ritter Minnesang zeigt uns, wie das Gesicht entspannt wird, damit wir beim Gesangswettbewerb der Ritter ganz locker singen und lächeln können.«

Übung: *Spann deine Stirn an, runzle sie – und dazu kneif die Augen zusammen – press die Lippen aufeinander – und beiß die Zähne aufeinander. Verzieh dein ganzes Gesicht zur Grimasse ... (etwa fünf Sekunden) ... Und dann lass los. Lass alle Spannung los, lass den Unterkiefer einfach herunterhängen, lass dein Gesicht ganz glatt, ganz locker werden und achte darauf, wie sich das anfühlt – das ist die Entspannung ... Achte darauf, wie sich die Entspannung ausbreitet. Versuche, die Entspannung noch tiefer zu machen, sich noch weiter ausbreiten zu lassen. Die Muskeln werden locker und leicht ... Achte auf deinen Atem, wie er ruhig einströmt und ausströmt (etwa zwanzig Sekunden).*

Nachbild: »Nun ist unser Gesicht ganz locker und entspannt für das Singen auf dem Ritterturnier.«

4. Nacken
Bild: »Von Ritter Nackenstolz lernen wir, den Nacken ganz locker und entspannt zu machen, um den schweren Helm tragen zu können.«

Übung: »*Beug deinen Kopf weit nach vorn, press dein Kinn fest gegen die Brust. Achte auf die Spannung, die sich dabei in deinem Nacken aufbaut ... (etwa fünf Sekunden) ... Und dann lass los, ganz los. Lass deinen Nacken ganz locker und achte auf die Entspannung dabei ... (etwa zwanzig Sekunden).*
Und jetzt beweg den Kopf ganz nach hinten, so weit es geht, das Kinn geht nach oben. Achte dabei auf die Spannung in deinem Nacken. Dreh den Kopf etwas nach links und nach rechts und achte auf die Spannung ... (etwa fünf Sekunden) ... Und dann lass wieder los, ganz los. Der Kopf geht nach vorn. Achte auf die Entspannung, die sich von deinem Nacken aus ausbreitet. Die Muskeln werden locker und leicht ... Achte auf deinen Atem, wie er ruhig einströmt und ausströmt (etwa zwanzig Sekunden).«

Nachbild: »Nun ist unser Nacken ganz locker und entspannt, und wir können den schweren Helm für das Turnier tragen.«

5. Bauch
Bild: »Von Ritter Kunifroh lernen wir, den Bauch ganz zu entspannen, um beim Festabend mit dem König viel lachen zu können.«

Übung: »*Drück deinen Bauch heraus und spann die Bauchmuskeln an. Spann die Bauchmuskeln an und achte darauf, wie sich die Spannung anfühlt ... (etwa fünf Sekunden) ... Und dann lass los. Lass deine Bauchmuskeln ganz locker werden, locker und leicht. Löse jede Spannung in ihnen und achte darauf, wie die Entspannung sich ausbreitet ... (etwa zwanzig Sekunden).*«
Nachbild: »Nun ist unser Bauch ganz entspannt für den fröhlichen Festabend beim König.«

6. Rücken
Bild: »*Von Ritter Starkengrat lernen wir, den Rücken ganz locker und entspannt zu machen, für das Schwimmen durch den Burggraben.*«

Übung: »*Drück beide Schultern nach hinten und unten, als wolltest du sie dort zusammenführen; zieh deine Schultern dabei weg von den Ohren. Achte auf die Spannung, die sich in deinem Rücken aufbaut ... (etwa fünf Sekunden) ... Und dann lass los. Die Schultern gehen wieder nach vorne, der Rücken entspannt. Achte darauf, wie sich die Entspannung anfühlt. Versuche, sie noch ein wenig tiefer zu machen, sich noch ein wenig mehr ausbreiten zu lassen ... Achte auf deinen Atem, wie er ruhig einströmt und ausströmt* (etwa zwanzig Sekunden).«

Nachbild: »*Nun ist unser Rücken ganz locker und entspannt für das Schwimmen durch den Burggraben.*«

7. Beine
Bild: »*Von Ritter Wiesel lernen wir, die Beine ganz locker und entspannt zu machen, für den Wettlauf mit Schild und Schwert.*«

Übung – Oberschenkel und Gesäß: »*Streck die Beine aus und spann die Muskeln von Gesäß und Oberschenkeln fest an. Spann sie an und achte auf die Spannung ... (etwa fünf Sekunden) ... Und dann lass los. Die Beine gehen wieder zurück, wie sie waren. Versuche, Gesäß und Oberschenkel immer noch mehr zu entspannen. Achte darauf, wie die Spannung sich vertieft und ausbreitet ... (etwa zwanzig Sekunden). Waden: Drück Füße und Zehen fest nach unten. Achte auf die Spannung, die sich in den Waden aufbaut ... (etwa fünf Sekunden) ... Und dann lass los. Die Füße sind wieder ganz locker. Achte auf die Entspannung. Versuche, sie noch ein wenig mehr zu vertiefen und sich ausbreiten zu lassen ... Achte auf deinen Atem, wie er ruhig einströmt und ausströmt* (etwa zwanzig Sekunden).«

Nachbild: »*Nun sind unsere Beine ganz locker und entspannt für den Wettlauf mit Schild und Schwert.*«

8. Reise durch den Körper
»*Geh nun noch einmal durch deinen ganzen Körper und achte darauf, wie entspannt er ist. Wo noch ein bisschen Spannung geblieben ist, lass auch die los. In den Händen ... den Armen ... dem Gesicht ... dem Nacken ... den Schultern ... dem Bauch ... dem Rücken ... dem Gesäß ... den Beinen. Achte auf die Entspannung in deinem ganzen Körper ... und achte auch auf deinen Atem, wie er ruhig einströmt und ausströmt*« (zwischen den Stationen 3–5 Sekunden Pause, nach ›ruhig einströmt und ausströmt‹ noch etwa dreißig Sekunden Pause).

Rücknahme
»*Am Schluss kommt die Rücknahme. Ball die Hände zu Fäusten, aber nicht mehr so stark und nur kurz. Strecke und räkele dich und atme tief durch.*«

Andere Bilder zu den Übungen: Entscheidend sind die Übungen. Die Bilder vom Ritterturnier dienen zur Motivation. Diese steigt, wenn die Vorstellungskraft der Kinder in die Übungen einbezogen werden kann. Wir können deshalb auch ganz andere Bilder wählen, etwa eine Vorbereitung zu den Olympischen Spielen der Kinder (ausgeführt in Friebel & Friedrich 2011) oder eine Weltreise, bei der wir von verschiedenen Völkern etwas lernen.

Atementspannung

Konzentration auf Rhythmen entspannt – wenn diese langsamer sind als der eigene Herzschlag. Denn unser Herzschlag tendiert dazu, sich ein wenig in die Richtung wahrgenommener Rhythmen zu verändern. Bei schneller Musik beschleunigt das Herz, bei langsamer verlangsamt es. Ein schneller Herzschlag aber impliziert Erregung oder Anspannung, ein langsamer dagegen Entspannung. Die Beachtung langsamer Rhythmen kann also der Entspannung dienen. Das ist die Grundlage der Atembeobachtung.

Der Atem ist ein langsamer Rhythmus, der uns immer zur Verfügung steht. Was in vielen Entspannungsmusiken die Meereswellen sind, tragen wir in uns. Wir müssen nur darauf achten (ausführlicher im Kapitel »Klänge, Rhythmus, Musik« ab S. 92).

Zur Einführung in Entspannungsmethoden über den Atem können Sie mit den Kindern überlegen, wie sich wohl ein Mensch fühlt, dessen Atem ganz schnell geht. Wird er eher ruhig oder eher aufgeregt sein? Und entsprechend denken Sie darüber nach, was es bedeutet, wenn der Atem langsam geht: Ist der Mensch dann ruhig oder aufgeregt?

Daraus kann ein Spiel werden, wenn die Kinder verschiedene Möglichkeiten darstellen, in denen der Atem ganz schnell oder schön langsam geht.

Der Atem braucht zur Entspannung gar nicht bewusst verlangsamt zu werden. Das könnte sogar seinerseits zum Stress werden. Bereits einfache Achtsamkeit auf den eigenen Atem hat in aller Regel eine beruhigende Wirkung.

Atementspannung kann als Methode gegen Stress oder Angst empfohlen werden. Die Umsetzung auf einen selbstständigen Einsatz durch die Kinder muss mit ihnen aber gut besprochen werden (siehe S. 134).

Hier drei Möglichkeiten, den Atem zur Entspannung für die Kinder einzusetzen: *Atembeobachtung*, *Meeratem*, und *Aufregung ausatmen*.

 ### Atembeobachtung

Führen Sie die Atembeobachtung am besten mit einem Spiel ein. Die Kinder liegen auf dem Rücken. Jedes Kind darf sich ein Kuscheltier auf den Bauch setzen und beobachten, wie es auf- und abschaukelt. *»Das kommt vom Atem«*, können Sie dazu sagen. Auch Papierschiffchen eignen sich; oder Luftballons, die das Kind mit den Händen festhält. Ihre Köpfe müssen mit Kissen erhöht sein, damit die Kinder ihr Kuscheltier oder Schiffchen gut beobachten können.

»Wenn der Atem schön langsam geht, dann fühlt das Kuscheltier sich wohl, weil das Schaukeln so angenehm ist. Wenn der Atem schnell geht, dann wird dem Kuscheltier schwindlig, und das Papierschiff geht im Sturm unter.« So könnte Ihre Erklärung lauten.

Manchmal fangen Kinder während der Übung an, schnell und heftig zu atmen oder den Atem anzuhalten, um auszuprobieren, was dann mit dem Kuscheltier oder dem Schiffchen passiert. Das ist in Ordnung. Nach einigem Ausprobieren lassen sich die Kinder in der Regel wieder gut zur Ausgangsübung zurückführen.

Wenn die Unruhe zu stark wird, können wir daraus ein Spiel machen. Erst spielen wir alle zusammen ruhigen Atem, ruhiges Wetter, sodass das Kuscheltier oder das Schiffchen sanft schaukeln, dann kommt der Wind, und das Schaukeln wird heftiger und unruhiger. Der Wind wird zum Sturm, zum Orkan – und beruhigt sich dann wieder, bis er abflaut und nur noch die leichte Brise unseres Atems das Kuscheltier oder das Schiffchen sanft schaukelt.

Wir können auch einfach die Hände auf den Bauch legen. So lässt sich ebenfalls der Atem spüren. Und überdies die Wärme des Bauches. Sie können das zum Beispiel mit diesen Worten unterstützen:
»Spürst du, wie ruhig sich dein Bauch bewegt? Spürst du, wie warm er sich anfühlt?«

Eine Atembeobachtung für Kinder kann dann wie folgt aussehen (mit Einstimmung und Ausklang von S. 37f.): Die Kinder sitzen auf einem Stuhl, oder sie liegen auf dem Rücken am Boden.
»Achte jetzt auf deinen Atem. Achte einfach auf deinen Atem, wie die Luft in dich hineinströmt – und wieder aus dir heraus. Achte auf deinen Atem, ohne ihn verändern zu wollen, aber ganz aufmerksam.«

Bei jüngeren Kindern wird die Anleitung einfacher sein. Etwa:
»Achte tief in dich hinein, auf deinen Atem. Verändere ihn nicht, sondern achte nur darauf, wie dein Atem einströmt und ausströmt, ganz von allein.«

Der »beste« Atem ist der Atem unten im Bauch. Viele Menschen, neigen dazu, beim Atmen eher den Brustkorb einzusetzen. Sie können entgegenwirken, indem Sie den Kindern sagen: »Stellt euch vor, wie ihr vom Bauchnabel (oder von den Füßen) her einatmet.« Das klingt merkwürdig, bewirkt aber, dass der Atem tatsächlich etwas weiter nach »unten« wandert, in den Bauch, wohin er gehört.

 ## Meeratem

(Dazu Einstimmung und Ausklang von S. 37f.)

»Stell dir die Weite des Meeres vor, und den Himmel ... mit Wolken, mit kreisenden Möwen ... Eine Möwe fliegt tief über den Strand ... Im Sand liegen Steine ...
Stell dir vor, wie eine Welle des Meeres den Strand hinaufläuft – mit all ihrer Ruhe und Kraft ... und wieder zurückspült ins Meer ... Die nächste Welle rollt schon heran.
Du hörst das Brausen der Wellen. Du spürst die Kraft darin, die ruhige Kraft des Meeres, Welle um Welle ...

Achte auf deinen Atem. Bei jedem Atemzug hörst du eine Welle des Meeres. Zwischen den Atemzügen ist Stille – ruhig, lebendig, klar ...

Achte darauf, wie bei jedem Atemzug die Ruhe und die Kraft des Meeres in dich hineinströmen ...
Du spürst, die Ruhe tief in dir wachsen – du spürst die Kraft tief in dir wachsen – im Strom deines Atems ...«

»Meeratem« gliedert sich in dieser Lehrversion in drei Teile:
1. Zunächst eine kleine Fantasiereise über das Meer und Wellen, die den Strand hinauflaufen.
2. Dann die Atembeobachtung.
3. Eine Imagination schließt sich an, die Vorstellung, dass mit jedem Atemzug die Ruhe und Kraft des Meeres in einen selbst hineinströmen. Und dass die Ruhe und Kraft in einem selbst wachsen.

So kann »Meeratem« mit Kindergruppen durchgeführt oder einzelnen Kindern beigebracht werden. Es eignet sich auch hervorragend als Entspannungsmethode in Stress-Situationen. Die Kinder können dann nur den zweiten und dritten, oder nur den dritten Teil für sich selbst durchführen.

»*»Meeratem« kannst du ganz allein machen, wenn du Ruhe und Kraft brauchst. Schließ dann einfach kurz die Augen und stell dir das Meer vor. Und stell dir vor, wie mit jedem Atemzug Ruhe und Kraft in dich strömen. Stell dir das so lange vor, wie du Zeit hast und es dir gut tut.«*

So etwa kann eine Anleitung für die Überführung von *Meeratem* in den Alltag der Kinder lauten. Je nach Alter und Erfahrungen der Kinder sollten dann Beispiele genannt und Situationen besprochen werden, in denen eine solche Kurzentspannung möglich und sinnvoll ist. Die Kinder machen am besten selbst Vorschläge, für was und wann *Meeratem* denn gut sein könnte. Grundsätzlich kommen alle Situationen infrage, in denen die Kinder Stress oder Angst erleben. Besonders wenn Ruhe in Verbindung mit Kraft und Frische gefragt ist, eignet sich *Meeratem* gut.

 ## Aufregung ausatmen

Mit der Kindergruppe können wir gemeinsam auch eine andere Übung durchführen, die auf dem Atem aufbaut – *Aufregung ausatmen* (dazu Einstimmung und Ausklang von S. 37f..)

»*Achte auf deinen Atem, wie er in dich hineinströmt – und wieder aus dir heraus. Achte so einfach auf deinen Atem – aber ohne ihn verändern zu wollen, beobachte einfach, wie er einströmt und ausströmt, ganz von allein …*
Stell dir nun vor, wie bei jedem Ausatmen ein bisschen Aufregung aus deinem Körper hinausgeblasen wird. Mit jedem Ausatmen strömt Aufregung aus dir hinaus … und du spürst dazwischen, wie die Ruhe in dir größer wird …
Achte so ein paar Atemzüge darauf, wie mit jedem Ausatmen Aufregung aus dir hinausströmt … Und du spürst dazwischen, wie die Ruhe in dir größer wird …«

Nicht nur Aufregung lässt sich ausatmen, auch Angst, Hass, Ärger, Wut. Allerdings sollte nicht zu viel auf einmal versucht werden. Man kann den Kindern verschiedene Möglichkeiten vorstellen, sie sollten dann aber während jeder Übungseinheit bei einem Gefühl bleiben.
So wie oben vorstellt, eignet sich *Aufregung ausatmen* für das Sitzen besonders gut. Wenn wir stehen, können wir die Übung auch körperlich darstellen. Wir stellen uns dazu im Kreis auf und schütteln die Aufregung mit jedem Atemzug aus, mit den Händen, lassen sie vor uns auf den Boden spritzen. Das Ganze bekommt einen eher spielerischen Charakter, der Entspannungsanteil leidet allerdings darunter. Dennoch kann gerade das Ausatmen im Stehen als Übergang etwa nach einer Aktivität Vorzüge haben.

Noch bewegter ist *Holzhacker* auf S. 111, eine Übung aus dem Kinder-Yoga. Auch *Atmende Blume* (S. 112) und *Gorilla* (S. 111) sind Übungen aus dem Kinder-Yoga mit Atembezug.

5 Begleitende Aktivitäten zur Entspannung

Wir haben Stillemomente als Hinführung zur Entspannung kennengelernt und als Möglichkeit, zwischen verschiedenen Aktivitäten ein entspannendes Ritual zu setzen. Wir haben die klassischen Entspannungsmethoden kennengelernt, die im Zentrum einer Beschäftigung mit Entspannung im Kindergarten oder in der Schule stehen werden. Nun wollen wir noch einige Möglichkeiten darstellen, die klassischen Verfahren auf eine spielerische Weise zu unterstützen. Diese ergänzenden Aktivitäten können im Alltag der Kinder eingesetzt werden, ohne dass das Wort »Entspannung« überhaupt fallen muss. Oder sie können in einer Entspannungsstunde die klassischen Entspannungsverfahren unterstützen.

Bewegungsspiele

Alle Kinder kennen den Zustand der Entspannung. Aber sie haben Schwierigkeiten, selbst bewusst ihren jeweiligen Aktivitätszustand in Richtung Entspannung zu ändern. Denn Kinder werden vor allem von den Reizen ihrer Umgebung und von inneren Impulsen gesteuert. Deshalb kommt es eigentlich darauf an, sich entspannen zu können, wenn die eigenen Impulse oder die Umgebungsbedingungen dem entgegenstehen.

Eine Möglichkeit dazu ist, sich spielerisch in bestimmte Aktivitätszustände zu begeben und diese dann bewusst zu verändern. So gelangt die Fähigkeit zur Veränderung der eigenen Aktivität mehr und mehr unter die Selbstkontrolle der Kinder. Das geschieht allerdings nicht von heute auf morgen, sondern ist eine nie endende Aufgabe, auch bei uns Erwachsenen.

Eine Anzahl von Bewegungsspielen zielt in diese Richtung. Meistens setzen sie an einer Veränderung von Geschwindigkeit an. »Zugfahrt« etwa beginnt als langsam anrollender Zug, der immer schneller wird – und dann wieder verlangsamt, für die nächste Station. Auch bei der Fahrt ins Gebirge wird es langsamer – und ganz schnell dann wieder bei der Abfahrt ans Meer.

Unterschiedliche Geschwindigkeiten werden vorgegeben, und das Spiel bringt die Kinder dazu, sich ihrer eigenen Geschwindigkeit bewusst zu werden und sie dosiert zu verändern. Das ist eine ziemliche Herausforderung, vor allem mit der Verlangsamung tun sich Kinder schwer. Wenn solche Spiele immer wieder einmal angeboten werden, kann die Bewusstheit der Kinder für ihr Aktivitätsniveau auch außerhalb der Spielzeit steigen – und das ist ein Schritt zu größerer Entspannungsfähigkeit.

Hier einige Bewegungsspiele, die sich mit unserem Thema beschäftigt. Es sind Spiele, sie sollen in erster Linie also Spaß machen, sie müssen nicht »gelingen«. Wenn etwas nicht klappt, lachen wir, wir wissen dann, wo wir stehen und machen es neu.

Den Schmetterling verfolgen

Wir sind als kleine Bären unterwegs im Sommerwald. Dort verfolgen wir einen Schmetterling. Wir wollen nur schnuppern, was das für ein luftiges buntes Ding ist, neugierig wie kleine Bären nun einmal sind! Sie als Leitung können sinngemäß die folgenden Worte verwenden. Die Handlungen ergeben sich aus dem Text.

Die kleinen Bären gehen im Kreis durch den Sommerwald. Schön ist es hier! Vögel singen.
Da flattert ein bunter Schmetterling gerade an der Nase der kleinen Bären vorbei. Alle bleiben stehen und reiben sich die Nase.
Die kleinen Bären schütteln den Kopf – und gehen weiter, neugierig dem Schmetterling hinterher.
Der Schmetterling flattert mal hierhin, mal dorthin vorweg. Die kleinen Bären wanken mal auf die eine Seite, mal auf die andere.
Der Schmetterling setzt sich auf eine Blume. Die kleinen Bären bleiben stehen und schauen ihm zu. Sie strecken vorsichtig die Nasen vor.
Der Schmetterling fliegt davon, ganz schnell. Die kleinen Bären trotten eilig hinterher.
Der Schmetterling flattert über einen Dornbusch. Die kleinen Bären bleiben in den Dornen stecken. Mit den Pfoten arbeiten sie sich durch den Busch. Sie drehen und winden sich.
Der Schmetterling hat sich wieder auf einer Blume niedergelassen. Die kleinen Bären gehen ganz langsam heran, auf den Zehenspitzen, um ihn nicht zu erschrecken.
Der Schmetterling fliegt auf. Er fliegt einmal um den Kopf der kleinen Bären herum. Die kleinen Bären drehen sich um sich selbst.
Wo ist der Schmetterling? Die kleinen Bären drehen sich in die andere Richtung.
Der Schmetterling ist verschwunden. Die kleinen Bären trotten langsam auf ihrem Weg nach Hause.
(Oder legen sich hin, um noch eine Fantasiereise zu hören.)

Gewitter

Auf dem Boden oder auf Tischen spielen wir ein Gewitter. Sie begleiten als Anleitung sinngemäß mit den folgenden Worten und machen gleichzeitig vor. Die Kinder ahmen die Handbewegungen nach.

Wolken ziehen am Himmel, Wind geht, wir hören seinen Klang in den Bäumen.
Wir streichen mit den Händen über den Untergrund.
Einzelne Tropfen beginnen zu fallen.
Wir tippen mit den Fingerspitzen in unregelmäßigen Abständen auf den Untergrund.
Und immer noch bläst der Wind.
Wieder mit den Händen über den Untergrund streichen.
Der Regen wird stärker.

Wir tippen wieder mit den Fingerspitzen, schneller werdend.
Und noch einmal stärker.
Wir klatschen nun mit den flachen Händen auf den Untergrund.
Es blitzt!
Wir klatschen einmal in die Hände.
Und noch ein Blitz!
Wir klatschen noch einmal in die Hände.
Donner grollt.
Wir stampfen mit den Füßen auf den Boden.
Und noch einmal Donner!
Noch einmal stampfen die Füße auf dem Boden.
Und immer noch fällt der Regen.
Wieder mit den flachen Händen auf dem Untergrund patschen.

So geht es einige Male, mit Regen, Blitz und Donner – dann wird der Regen kurze Zeit sehr stark, wir patschen so schnell und stark wir können, und dann klingt er langsam ab. Zuletzt tippen wir nur noch ab und zu mit den Fingerspitzen auf den Untergrund. Und ganz am Schluss widmen wir uns wieder dem Wind – aber jetzt kommt er zur Ruhe: Wir streichen mit den flachen Händen noch ein paar Mal über den Untergrund, immer langsamer werdend, dann ruhen Hände und Wind.

Das Gewitter hat aufgehört, die Wolken sind davongeflogen, Vögel pfeifen. Die Kinder kommen aus den Häusern auf die Straße hinaus. – Mit diesen Worten endet unser Gewitterspiel.

Schwertransporter

Die Kinder stehen im Kreis. Wir spielen Schwertransporter, die Planierraupen zur Baustelle bringen.

Jedes Kind spielt einen leeren Schwertransporter. Sie stehen alle beim Bauunternehmer. Jeder nimmt eine Planierraupe auf. Die ist schwer! Wir gehen kurz in die Knie – und wieder hoch. Motoren starten! Langsam, ganz langsam rollen wir mit unserer schweren Last los.
Die Ausfahrt auf die Straße – besonders langsam und vorsichtig!
Auf der Straße werden wir schneller. Aber nicht zu schnell, wegen unserer schweren Last.
Eine Ampel springt auf Rot – wir halten an und warten.
Grün – losfahren, auf die Auffahrt zur Schnellstraße.
Auf der Schnellstraße nehmen wir Fahrt auf. Wir haben uns schon verspätet, also lassen wir die Räder rollen.
Ein Stau! Wir werden ganz langsam. So tuckern wir dahin.
Der Stau löst sich auf, wir werden wieder schneller.
Schnellstraßenausfahrt. Wir werden langsam und biegen auf die Landstraße ab.
Auf der Landstraße geht es gemütlich dahin – aber vorsichtig, denn sie ist schmal und holprig. Ab und zu schüttelt es uns durch.
Einfahrt zur Baustelle. Wir werden ganz, ganz langsam. So vorsichtig es geht, fahren wir auf das Baugelände.
Angekommen! Wir halten. Die Planierraupen werden abgeladen – in die Knie gehen, und wieder aufrichten. Das haben wir gut gemacht! Alle Schwertransporter haben ihre Ladung wohlbehalten abgeliefert.

Herr und Frau Zappel, Herr und Frau Klar

Die Kinder stehen erst im Kreis und bewegen sich dann durch den ganzen Raum. Im ersten Teil spielen wir Herrn und Frau Zappel, mit hektischen Bewegungen.

Herr und Frau Zappel decken den Frühstückstisch. Sie holen Teller und Tassen aus dem Schrank und stellen sie auf den Tisch – ganz hektisch und aufgeregt. Sie essen und trinken ganz schnell. Sie räumen den Tisch ab.
Herr und Frau Zappel gehen zur Arbeit. Sie stolpern die Treppe hinunter. Sie rennen zum Bus. Sie zappeln im Bus mit Armen und Beinen. Sie steigen aus dem Bus und rennen in das Büro.
Herr und Frau Zappel arbeiten. Sie holen einen Aktenordner aus dem Schrank. Sie blättern wild im Ordner. Sie schreiben in den Papieren herum.
Herr und Frau Zappel gehen abends tanzen. Sie zappeln mit Armen und Beinen und tanzen im Kreis herum. Dann werden sie vor Erschöpfung ganz schlaff und sinken in sich zusammen.

Der zweite Teil des Spiels beginnt. Wir stehen wieder auf und spielen Herrn und Frau Klar. Es sind dieselben Stationen wie oben, aber alles ganz ruhig und gemessen. Am Schluss sinken Herr und Frau Klar nicht erschöpft zusammen, sondern gehen fröhlich nach Hause.

 ## Tanzbären

Wir spielen Tanzbären.
Erst bewegen wir uns eine Zeit lang frei im Raum und tanzen. Dazu kann es auch speziellere Anleitungen geben, etwa: Jetzt drehen sich alle um sich selbst – jetzt drehen sich alle in die andere Richtung – jetzt hüpfen alle auf einem Bein – jetzt hüpfen alle auf dem anderen Bein – Jetzt springen alle einmal hoch – jetzt klatschen alle drei Mal in die Hände ...)
Dann fassen sich alle Tanzbären an den Händen – bis ein großer Kreis entstanden ist. Sie tanzen alle in eine Richtung.
Die Tanzbären werden immer langsamer. Sie lassen ihre Hände los und suchen sich einen schönen Platz, um sich hinzulegen.
Die Tanzbären räkeln sich zurecht, bis sie richtig gut liegen. Dann schließen sie die Augen und hören eine Geschichte.
(Eine Geschichte vortragen, etwa eine Fantasiereise.)

Themen für weitere Entspannungsspiele

In der Art dieser Beispiele können leicht weitere Entspannungsspiele improvisiert werden. Immer geht es um eine Veränderung der Geschwindigkeit, manchmal auch um die Veränderung der Lautstärke. Hier sind einige mögliche Themen mit Kurzbeschreibungen:

Bienentag
Die Kinder sind alle in einer Ecke des Raums, im »Bienenstock«, und ganz still, denn es ist Nacht. In der Mitte des Raums spielt ein Kind die Sonne, hockt erst da, mit verdecktem Gesicht. Sobald die Sonne über den Horizont lugt (das Kind zeigt sein Gesicht), beginnen die Bienen zu summen und fliegen eine nach der anderen hinaus in die Welt. (Eines kann zur Bienenkönigin ernannt werden und verabschiedet dann jede Biene mit einem Tippen auf die Schulter.) Die fliegen erst langsam und summen leise – aber je höher die Sonne steigt (das Sonnenkind sich erhebt), umso schneller und lauter werden sie. Dann beginnt die Sonne wieder zu sinken, die Bienen werden langsamer und leiser, und kehren nach und nach zum Bienenstock zurück. Wenn die Sonne unter den Horizont sinkt (das Sonnenkind hockt wieder und versteckt sein Gesicht), sind alle Bienen zurück im Bienenstock und ganz still.

Eidechsentag
Die Kinder stehen im Kreis. In der Mitte ist ein Sonnenkind, das uns die Tageszeit anzeigt (siehe *Bienentag*). Eidechsen leben mit der Sonne: Am Morgen bewegen sie sich ganz langsam im Kreis, mit der steigenden Sonne werden sie schneller, mit der sinkenden Sonne langsamer. Wenn die Sonne versunken ist, ruhen sie.

Kätzchen auf der Vogeljagd
Wir stehen im Kreis und spielen Kätzchen auf Vogeljagd. Der Leiter erzählt, wir schleichen uns entsprechend an, stürmen los, werden langsam und schauen den davonflatternden Vögeln nach …

Wolken im Wind
Wir stehen im Kreis und spielen Wolken, treiben mal langsam, mal schnell. Wenn es gewittert, klatschen wir, als Blitz, und stampfen mit den Füßen, als Donner.

Zugfahrt
Wir stehen im Kreis und spielen eine Zugfahrt. Langsam anfahren, schneller werden, dann wieder langsam, wenn es bergan geht, Halt an einer Station, wieder anfahren, ins Tal hinunterbrausen, zur Endstation.

Statuen-König
Wir bewegen uns im Raum. Wenn ein bestimmtes Signal erfolgt (zum Beispiel klatscht die Spielleitung), stehen wir starr und werden zur Statue. Wer sich bewegt hat, scheidet aus. Wer am Schluss übrig bleibt, gibt in der nächsten Runde das Signal.

Autos im Stadtverkehr
Wir stehen im Kreis und spielen Autos im Stadtverkehr. Von der Spielleitung kommen Durchsagen zur Verkehrslage. Stationen für die Autofahrt können sein: Garagenaus-

fahrt – 30-Kilometer-Zone – Stadtautobahn – Ausfahrt in die 30-Kilometer-Zone – Ampel – Freie Fahrt – Stau – 30-Kilometer-Zone – Garageneinfahrt.

Aufziehspielzeug
Die Kinder wählen ihre Rollen – Puppen, Bären, Autos usw. Erst stehen sie still, ein Kind hat den »Schlüssel« und zieht die Spielzeuge auf, wir rucken dazu. Dann heißt es »Aufgezogen!« – und wir fangen an, uns zu bewegen: Erst sind wir ganz schnell, dann werden wir immer langsamer, bis wir nur noch ein paar ruckende Bewegungen machen und dann ganz still stehen.

Klänge, Rhythmen, Musik

Johannes Kneutgen (1970) hat sich mit Form und biologischer Funktion von Wiegenliedern beschäftigt. Er fand, dass sie auch aus anderen Sprachen und Kulturkreisen erkannt werden. Was ist das Gemeinsame der Wiegenlieder in aller Welt? Ihr Ausdruck ist leicht melancholisch, aber nicht traurig. Sie sind eher leise, mit etwas tieferer Stimmlage, ihre Texte sind vokalreich. Und sie strömen Ruhe aus.

Durch das Hören solcher Lieder sinken Pulsschlag und Atemfrequenz, bei swingendem Jazz hingegen beschleunigen sie. Die Wiegenlieder verlangsamen also, und das beruhigt.

Kneutgen schreibt: »Nicht nur langsame, gleichmäßige akustische Reize, wie ein Wiegenlied, führen zur Beruhigung und Schläfrigkeit. Dies tun bekanntlich auch optische und Berührungsreize, wie leichtes stereotypes Streicheln der Rücken- und Schulterregion oder das gleichmäßige Tropfen eines Wasserhahnes, das Schaukeln einer Wiege, der gleichförmige Berührungsreiz am Kopf beim Haareschneiden, Froschquaken usw.« (1970, S. 258).

Zu ergänzen wäre noch das Meeresrauschen, das auf so vielen Entspannungs-CDs zu finden ist. Bei all diesen Reizen wird ein Rhythmus angesprochen, ein langsamer, vorgegebener Rhythmus. Schneller Rhythmus bedeutet Aufregung, langsamer Rhythmus bedeutet Beruhigung.

Das lässt sich mit den Kindern gemeinsam untersuchen: Wir achten auf unseren Atemrhythmus. Dann rennen wir eine Runde im Kreis. Und achten erneut auf unseren Atem. Er ist schneller geworden. Der Puls auch! Wir legen uns hin und lauschen einer Geschichte. Der Atem wird langsamer. Und auch der Puls.

Durch das Vorgeben von äußeren Rhythmen können wir Einfluss auf unseren Aktivitätszustand nehmen: Unser Atem und unser Herzschlag passen sich an. Sie werden nicht so langsam oder so schnell wie die vorgegebenen Rhythmen, aber sie bewegen sich in deren Richtung: Rhythmen, die schneller als der Herzschlag des Kindes sind, lassen den Herzschlag des Kindes beschleunigen. Rhythmen, die langsamer als der Herzschlag des Kindes sind, verlangsamen seinen Herzschlag.

Wenn ein kleines Kind unruhig ist, nimmt die Mutter es auf und legt es sich über die Schulter. Vielleicht schaukelt sie es dabei noch, vielleicht geht sie mit ihm im Zimmer umher. Und das Kind beruhigt sich. Sicher spielt dabei der Körperkontakt eine große Rolle. Er vermittelt Sicherheit, Geborgenheit. Für unser Thema noch wichtiger sind aber die Rhythmen, die die Mutter mit ihrem Verhalten dem Kind vorgibt. Das Wiegen des Kindes durch ihr Schaukeln oder die Bewegung ihrer Schritte im Raum ergeben einen langsamen Rhythmus.

Und da ist noch ein zweiter, vielleicht wichtigerer Rhythmus: Üblicherweise legt die Mutter das Kind beim Stillen links an. So kommt das Ohr des Kindes dem Herzen der Mutter ganz nahe. Kinderherzen schlagen schnell. Im Laufe des Lebens verlangsamt sich der Herzschlag stark. Die Mutter gibt mit ihrem Herzschlag dem Kind also einen Rhythmus vor, der ähnlich seinem eigenen Herzschlag ist – aber deutlich langsamer. Der Herzschlag des Kindes verlangsamt sich daraufhin, versucht sich dem Herzschlag der Mutter anzupassen. Ein langsamerer Herzschlag bedeutet Beruhigung. Das Kind hört zu weinen auf und entspannt sich.

Wir können Rhythmen auch in der Entspannungspädagogik einsetzen. In die Atementspannung (ab S. 84) geht etwas davon ein. Auch in Entspannungsspiele wie »Gewitter« (S. 88). Für Musik sehen wir folgende Einsatzbereiche:
- Musikbegleitung zur Entspannung
- Klangschalen
- Tönen
- Verlangsamungslieder

Dies sei kurz ausgeführt und zum Teil mit Beispielen ergänzt.

Musikbegleitung

Wenn entsprechende Musik eine beruhigende Wirkung auf die Kinder haben kann, liegt es nahe, sie auch in der Entspannungsstunde einzusetzen und Fantasiereisen, Ruheorte, Entspannungsgeschichten damit zu unterlegen. Die Musik könnte die Wirkung der Entspannung vertiefen und die Aufmerksamkeit von Kindern fokussieren, die Probleme haben, sich auf Entspannung einzulassen.

Dagegen spricht allerdings, dass Entspannung versucht, gegen die vorhandene Reizüberflutung einen Raum der relativen Reizarmut zu schaffen, und dass Entspannungsvermittlung genau dann gelingt, wenn die Kinder sich darauf einzulassen lernen. Begleitende Musik liefe damit dem Sinn von Entspannung zuwider.

Der Zwiespalt besteht. Er lässt sich in der Praxis nur durch den Versuch mit der jeweiligen Kindergruppe lösen und durch die anschließende Befragung der Kinder. Profitieren sie eher von einer unterstützenden Wirkung begleitender Musik? Oder schüttet Begleitmusik den entspannenden Raum der Reizarmut nur wieder zu? Beide Reaktionen sind möglich.

Nichts aber spricht dagegen, Musik als Ausklang einer Entspannung zu verwenden, die Entspannung mit Musik noch zu verlängern. Ist unruhigen Kindern die Stimme der Vortragenden ein Anker für ihre Aufmerksamkeit während der Fantasiereise, so ist es nach der Fantasiereise die Musik.

Auch zur Einstimmung lässt sich Musik verwenden, am besten immer dieselbe, parallel zum Entzünden der Entspannungskerze. Und wenn die Fantasiereise beginnt, wird die Musik ausgeblendet.

Ganz zu Beginn der Entspannungsstunde kann eine immer gleiche Musik wie ein Signal für die Kinder wirken, dass nun wieder die Entspannung bevorsteht.

Es gibt eine Vielzahl von Tonträgern mit Entspannungsmusik für Kinder. Einige davon sind auf S. 144 aufgeführt. Natürlich lassen sich auch andere ruhige, gleichmäßige Musikstücke verwenden, die den Kindern gefallen.

Klangschalen

Die Verwendung von Klangschalen wurde schon bei den Stillemomenten erwähnt (S. 32). Wir können Klangschalen auch sonst immer wieder als Signalgeber einsetzen, besonders wenn es um langsame Aktivitäten geht. Ihr Ton schwingt lang nach, das sollte, im Stil eines kleinen Stillemoments zwischen verschiedenen Aktivitäten, genutzt und nicht zu schnell abgebrochen werden.

Tönen

Vokale tönen kann mit Kindern etwa wie folgt eingeführt werden: »Der Zauberer hat uns alle Sätze und alle Wörter fortgezaubert. Nur noch ein paar Laute hat er uns gelassen. Jetzt tönen wir alle das A, damit der Zauberer es uns nicht auch noch nimmt. Wir gehen dazu im Raum umher, und jeder tönt für sich, im eigenen Atemrhythmus, ohne auf die anderen zu achten, so hoch oder so tief wie er will.«

Wir können einige Minuten tönen und sehen, wie sich das entwickelt. Natürlich lässt sich das auch mit den anderen Vokalen durchführen, jeder Laut hat seine eigene Qualität.

Tönen bringt unmerklich dazu, tiefer und länger zu atmen. Auch wird die Ausatmung gegenüber der Einatmung stark verlängert – das sind Merkmale einer Entspannung.

Verlangsamungslieder

Wir können mit ruhigen Liedern den Rhythmus der Kinder verlangsamen. Im folgenden einige Beispiele für Verlangsamungslieder (mehr finden sich in Friebel 2008, weitere auf dem Tonträger Friebel 2011 b). Hier wird die Geschwindigkeit verändert.

Das heißt, dass Kinder beim Singen schneller und langsamer werden. Das macht Geschwindigkeit bewusster und hilft, sie bewusst zu verändern.

Die Noten der Lieder finden sich zum Ausdrucken auf www.entspannung-plus.de.

 ## Züglein

Fang jetzt an zu rollen, Züglein,
fang jetzt an zu rollen, Züglein,
immer schneller, immer schneller,
immer immer schneller schneller.
Jetzt kommt eine Haltestelle,
endlich eine Haltestelle.
Leute steigen aus und ein,
wollen auf der Reise sein.

Begonnen wird langsam, das Tempo steigert sich die ersten vier Textzeilen fortwährend. Ab »Jetzt kommt eine Haltestelle« wird es immer langsamer, endet ganz langsam – und beginnt sofort wieder von vorne.

 ## Schleicht ein Fuchs ums Hühnerhaus

1 *Schleicht ein Fuchs ums Hühnerhaus.*
2 *Gack-gack-gack-gack-gack-gack!*
3 *Reißt ein Fuchs die Latte raus.*
4 *Gack-gack-gack-gack-gack-gack!*
5 *Hühner flattern, Federn fliegen,*
6 *denn der Fuchs will alle kriegen.*
7 *Doch der Bauer eilt herbei,*
8 *mit dem Stecken, eins, zwei, drei.*
9 *Und der Fuchs springt schnell davon,*
10 *nur zwei Federn sind sein Lohn.*
11 *Gar nichts hat er heimgebracht,*
12 *und im Baum das Eichhorn lacht.*

1. und 3. Textzeile: Den schleichenden Fuchs langsam singen.
2. und 4. Textzeile: Die aufgeregten Hühner schnell singen.
5. bis 10. Textzeile: Den fliehenden Fuchs singen wir schnell.
11. und 12. Textzeile: Immer langsamer werden!

Oma in der Stube strickt

1. *Oma in der Stube strickt.*
2. *Kätzchen ist schon eingenickt.*
3. *Regen fängt nun an zu fallen,*
4. *Blitz und Donner, Türen knallen.*
5. *Oma läuft zum Garten raus,*
6. *holt die Wäsche in das Haus,*
7. *hängt im Keller alles auf,*
8. *hinkt dann in die Stube rauf.*
9. *Kätzchen schnurrt in ihrem Schuh,*
10. *schaut noch lang dem Regen zu.*

Die beiden ersten Textzeilen werden langsam gesungen,
in den Zeilen 3 bis 6 beschleunigt das Tempo immer mehr,
in den Zeilen 7 und 8 verlangsamt es wieder,
die Zeilen 9 und 10 werden so langsam wie der Beginn gesungen.

 ## Wild und sanft

Der Löwe ist wild, und der Löwe ist sanft, sanft, sanft.
Die Katze ist wild, und die Katze ist sanft, sanft, sanft.
Sanft, sanft, sanft, sanft, wild, wild, wild, wild,
sanft, sanft, sanft, sanft, wild, wild, wild, wild.

Die erste Silbe »der« wird ganz lang ausgehalten, dann geht es schnell: »Löwe ist wild, und der Löwe ist« – und verlangsamt dann immer mehr »sanft, sanft, sanft«. So auch die nächste Zeile. Dann kommt der Refrain, der langsam beginnt, bei »wild« dann schnell wird. So auch die zweite Refrain-Zeile.

Für weitere Strophen können andere Tiere eingefügt werden: Tiger, Panther, Bulle – oder auch Menschen, mit verabredeten Namen, die auch die Namen von Kindern sein können. Nach zwei neuen Namen kommt der immer selbe Refrain.

Ring aus Gold

Regentropfen fallen, fallen in den See.
Regentropfen fallen, fallen in den See.
Auf dem Grund liegt ein Ring,
liegt ein Ring aus Gold,
liegt ein Ring aus Gold.

Das Lied beginnt schnell, mit den fallenden Regentropfen, und wird dann immer langsamer, bis zum geheimnisvollen Ring aus Gold.

 ## Die frechen Fliegen

Muh, muh macht die Kuh,
muh, muh macht die Kuh.
Mit dem Schwanz, mit dem Schwanz
schlag die frechen Fliegen!
Mit dem Schwanz, mit dem Schwanz
schlag die frechen Fliegen!

»Muh, muh macht die Kuh« wird träge und langsam gesungen. Aber wenn der Schwanz nach den Fliegen schlägt, legen wir los!

 ## Der Fußball

1. *Im Park spaziert ein alter Mann*
2. *und schaut sich hohe Bäume an.*
3. *Da kommt ein Fußball angesprungen,*
4. *der Mann hat seinen Stock geschwungen*
5. *und dribbelt hin und dribbelt her,*
6. *und schlägt den Ball so kreuz und quer,*
7. *und schießt zurück dann diesen Ball,*
8. *die Kinder jubeln überall.*
9. *Und weiter geht der alte Mann*
10. *und schaut sich hohe Bäume an.*

Die beiden ersten Textzeilen werden gemütlich langsam gesungen.
Die Textzeilen 3 bis 8 singen wir deutlich schneller.
Die beiden letzten Textzeilen klingen dann so gemütlich und entspannt wie der Anfang.

Meditativer Tanz

»Wörtlich aus dem Lateinischen übersetzt heißt meditatio ›Nachdenken‹. Gemeint ist eine sinnende Betrachtung. Meditieren bedeutet demnach nachdenken, sinnen, ermessen. Meditatives Tanzen ist also ein Nachsinnen mit den Füßen, ein Mit-den-Sinnen-Erfahren und dem Erfahrenen nachsinnen« (Friebel & Kunz 2000, S. 6).

Tanzen und Entspannung – ist das nicht ein Widerspruch?

Es gibt auch ruhige Tänze. Aber nicht die Langsamkeit der Meditativen Tänze ist das Entscheidende, sondern ihre Regelmäßigkeit. Sie nehmen die Bewegungsenergie der Kinder auf, ordnen sie aber in ein Gleichmaß sich immer wiederholender Schritte. Damit fördern sie Entspannung – und Konzentration. Denn gerade bei festgelegten Schrittfolgen rächt sich jede Unkonzentriertheit sofort. Die Kinder merken es selbst.

Meditative Tänze sind fast immer Kreistänze. Damit betonen sie das Gemeinsame gegenüber dem Individuellen. Es tanzt nicht jeder für sich, wir tanzen zusammen. Schnell sehen wir auch: Jeder tanzt dieselben Schritte ein wenig verschieden. Jeder von uns ist verschieden, und dieses Verschiedene zusammen gibt ein Gemeinsames, unseren Tanz.

Die Kreismitte kann dazu besonders gestaltet werden. Oft gibt der Tanz schon etwas vor, ein Quellen-Tanz legt eine blaue Schale mit Wasser nahe, ein Sonnenstrahlen-Tanz eine brennende Kerze. Wir können aber auch einfach eine schöne Mitte mit ein paar Gegenständen aus der jahreszeitlichen Natur festlegen.

Die Schrittfolgen werden am besten erst »trocken« gezeigt und eingeübt. Aber nicht zu lange. Es macht nichts, wenn der erste Versuch mit der Musik nicht recht klappt. Wir können darüber lachen. Und es von Neuem probieren.

Schulkinder ab der zweiten Klasse können auch komplizierte Schrittfolgen lernen und sehen das als Herausforderung an. Jüngere Kinder haben oft besondere Schwierigkeiten, rückwärts zu gehen: Drei Schritte vor, einen zurück, heißt es beim Quellen-Tanz. Damit tun sich die Jüngeren im Kindergarten schwer. Sie werden dann eben einfach vier Schritte vorwärts gehen. Entsprechend passen wir die Schrittfolgen der Tänze an das Alter unserer Kindergruppe an. Und lernen durch das Probieren.

Wichtig für den meditativen Charakter der Tänze ist die Wiederholung. Statt immer wieder neue Tänze auszuprobieren, ist es für unser Thema Entspannung besser, einige wenige gut zu können und immer mal wieder zu tanzen.

Solche Tänze können zu fast aller strophisch aufgebauten Musik getanzt werden. Es gibt auch CDs mit spezieller Musik für Kindertänze (siehe S. 144).

Unten sind einige Schrittfolgen für Meditative Tänze aufgeführt. Wir achten aber auf den Stand der Kinder. Welche Schritte sind für Kinder unserer Gruppe eine Herausforderung (das ist gut)? Welche Schritte überfordern sie schlicht (das ist schlecht)?

Tanzschritte zu beschreiben bzw. Beschreibungen nachzutanzen kann schwierig sein. Auf www.entspannung-plus.de finden sich deshalb Videos mit den Schritten zu Tanz und Musik. Damit geht es ganz einfach.

Sonnenstrahlen-Tanz → Zum Stück »Sonnentag« auf der CD »Zur Konzentration«.

In unsere Kreismitte haben wir ein Symbol für die Sonne gestellt, vielleicht eine Kerze. Wir stehen um sie in einem weiten Kreis, die Gesichter zur Mitte gewandt – das bleiben sie auch während des ganzen Tanzes. Wir tanzen Sonnenstrahlen. Eine Strophe der Musik lassen wir durchlaufen, dann beginnen die Schritte, mit dem ersten Flötenton.

Der rechte Fuß beginnt: Wir gehen vier gleichmäßige Schritte zur Mitte (so lange dauert der erste Flötenton), dann wieder rückwärts zurück, gleichermaßen vier Schritte. Dann zwei Schritte vor, und zwei zurück, und dann einer vor und einer zurück. Dann mit dem rechten Fuß einen Schritt nach rechts, und mit dem linken Fuß einen Schritt anschließen. Das war ein Sonnenstrahl, und der Schritt zum nächsten.

Alle Schritte waren genau gleichmäßig, wir haben mit rechts begonnen und immer im Fluss mit links abgewechselt. Nun stehen wir wieder im Kreis, nur eben einen Schritt weiter rechts. Und genauso im Fluss beginnt der nächste Sonnenstrahl – und so weiter bis zum Ende der Musik.

Wir können uns nach einigen Durchgängen beim Gang nach innen an den Händen fassen und die Hände zusammen hoch- und wieder herunternehmen.

Diese Tanzschritte lassen sich fast beliebig variieren. Grundmuster ist das Gehen nach innen, und zuletzt ein Schritt nach rechts, um im Kreis voranzukommen. 16 Schritte haben wir dazu zur Verfügung. Beispielsweise können wir erst vier Schritte nach innen gehen, dann aber fünf rückwärts nach außen, dann zwei Schritte nach innen (nun im Fluss mit dem linken Fuß beginnend), dann zwei Schritte rückwärts, dann einen Schritt vorwärts, dann mit dem rechten Fuß nach rechts, dann den linken Fuß anschließen.

Quellen-Tanz → Zum Stück »Gang zur Quelle« auf der CD »Zur Konzentration«.

In unsere Kreismitte haben wir eine Schale mit Wasser gestellt: Das ist unsere Quelle. Diese umwandern wir in unserem Tanz zunächst, dann gehen wir in die Mitte, schöpfen uns Kraft oder Entspannung, gehen wieder nach außen, und verströmen das Geschöpfte hinaus in die Welt.

Für den Beginn stellen wir uns in einem weiten Kreis auf, die Gesichter zur Mitte. Dann drehen wir uns nach rechts. Wir stehen nun hintereinander. Mit dem vierten Geigenton (er ist lang, vorher kommen drei kurze Töne) beginnen die Schritte.

Zunächst geht es, mit dem rechten Fuß beginnend, drei Schritte vor – rechts, links, rechts –, dann wippen wir auf den linken Fuß zurück (sehr junge Kinder können das schlecht, mit ihnen gehen wir in diesem Teil immer nur vorwärts). Diese vier Schritte machen wir vier Mal, zusammen, also 16 Schritte im Kreis.

Dann gehen wir, außer Takt, jeder mit den eigenen Schritten, zur Kreismitte, und schöpfen uns Kraft aus der Quelle (ohne das Wasser wirklich zu berühren). Wir halten uns die Hände ein paar Sekunden an den Leib, um die Kraft oder die Ruhe in uns aufzunehmen. Dann gehen wir, ohne Takt, jeder mit den eigenen Schritten, wieder nach außen – und verströmen mit weit ausladenden Armbewegungen die Kraft oder die Ruhe in die Welt.

Wir haben noch etwas Zeit, in der drehen wir uns nach rechts, sodass wir wie am Anfang hintereinander in Tanzrichtung stehen. Das Akkordeon warten wir ab, die nächste Strophe und unser Schritt beginnt wieder wie am Anfang mit dem vierten Geigenton.

So tanzen wir alle Strophen durch bis zum Ende des Stücks.

Pilger-Tanz → Zum Stück »Himmelsblick« auf der CD »Zur Konzentration«.

Wir stehen im Kreis. Das Gesicht ist der Mitte zugewandt. Zwei Takte der Musik laufen durch, dann beginnen die Schritte.

Mit dem rechten Fuß ein Schritt nach vorn (auf den Bass-Ton), dann ein Schritt auf den linken Fuß zurück, dann nach rechts auf den rechten Fuß (auf den zweiten Bass-Ton), und den linken Fuß anschließen. Das wird vier Mal wiederholt.

Dann noch vier Mal diese Schrittfolge – aber wir fassen uns nun dabei an den Händen.

Dann, immer noch der Mitte zugewandt, mit rechts beginnend vier Schritte nach innen, auf die Kreismitte zu, die Hände gehen innen im Schwung nach oben – und wieder vier Schritte zurück. Dies wird noch einmal wiederholt. Dann lassen die Hände sich los.

Dann, immer noch der Mitte zugewandt, vier Schritte nach rechts: der rechte Fuß beginnt, macht also einen Schritt nach rechts, der linke Fuß geht nach rechts, kreuzt dabei vor dem rechten, dann wieder der rechte Fuß einen Schritt nach rechts, dann kreuzt der linke Fuß hinter ihm bei seinem Schritt nach rechts. Das wird noch drei Mal wiederholt – es sind also insgesamt 16 Schritte.

Das war ein Durchgang – und der nächste beginnt sofort. Mit den Kindern zusammen einen Tanz zu erfinden kann große Freude machen – und motiviert sie besonders. Piraten- oder Indianer-Tänze kommen bei Jungen sehr gut an. Im dritten Durchgang ändert sich bei den Seitschritten die Instrumentierung – eine Flöte beginnt. Wir tanzen diese Strophe wie gewohnt durch. Aber wir beginnen dann nicht mehr von vorne, sondern bleiben bis zum letzten Flötenton bei unseren Seitschritten. Damit endet das Stück.

Einige Einzelelemente zum Zusammensetzen

Auf der Grundlage eines regelmäßigen Musikstücks lassen sich Schrittfolgen für solche Tänze leicht selbst gestalten. Hier einige Tanzelemente dazu.

Schritte vorwärts gehen: Je nach Takt zwei oder drei oder vier oder ein Vielfaches davon. Wir beginnen üblicherweise mit dem rechten Fuß.

Im Kreis mit Zurückwippen: Wenn wir beispielsweise im Kreis drei Schritte vorwärts gegangen sind: Rechts – links – rechts – wippen wir einfach auf den linken Fuß zurück. Nun haben wir vier Schritte, das ist eine Einheit für den Vierviertel-Takt. Zwei Schritte vor und dann zurückwippen wäre eine Einheit für den Dreiviertel-Takt.

Zur Kreismitte: Viele Tänze bewegen sich im Kreis. Beispielsweise nach vier Einheiten von »Im Kreis mit Zurückwippen« kann halb gewendet und vier oder acht Schritte in die Mitte gegangen werden, und rückwärts wieder zurück. Und dann kommen wieder vier Einheiten von »Im Kreis mit Zurückwippen«.

Klatschen: Wir können beispielsweise drei Schritte im Kreis gehen, dann stehen bleiben und im Schritt-Takt dreimal klatschen (oder stampfen, winken, mit den Füßen scharren, hochspringen ...), dann wieder drei Schritte im Kreis ... Wir können uns zum Klatschen auch zur Mitte drehen. Oder wir klatschen, nachdem wir in die Mitte gegangen sind.

Hände fassen: Bei verschiedenen Tanzteilen können wir uns an den Händen fassen, beispielsweise wenn wir nach innen gehen. Die Hände können wir innen dann gemeinsam hochnehmen, und beim Zurückgehen wieder sinken lassen, und ganz loslassen. Wenn wir nicht zur Mitte gehen, sondern die Hände im Kreis stehend oder gehend gefasst haben, können wir die Arme gemeinsam im Takt schwingen lassen.

Seitschritte: Der Tanzmitte zugewandt, können wir Seitschritte verschiedener Art machen, etwa zwei Schritte nach rechts, einen nach links, so immer wiederholt.

Wiegeschritte: Der Tanzmitte zugewandt einen Schritt nach rechts, statt den linken Fuß dann an den rechten zu setzen, auf den linken Fuß zurückwiegen, dann den rechten Fuß neben den linken setzen, den linken Fuß dann einen Schritt nach links, statt den rechten anzusetzen nun auf den rechten zurückwiegen ...

Kreuzschritte: Wir stehen auf dem rechten Fuß und setzen den linken Fuß vorne rechts neben den rechten Fuß, dann den rechten Fuß vorne rechts neben den linken Fuß, das vier Mal wiederholen. Umgekehrt geht es so: Mit dem linken Fuß einen Schritt nach links, dann den rechten Fuß vorne links neben den rechten setzen, dann den linken Fuß nach links, das wieder vier Mal. Wir können statt vorne auch hinten kreuzen. Oder abwechselnd vorne und hinten.

Vor-Seit-Seit: Mit rechts einen Schritt vor, mit links einen Schritt nach links, den rechten Fuß an den linken stellen, den linken Fuß einen Schritt nach links, den rechten Fuß anstellen.

Massage

Massage fördert die Körperwahrnehmung und das Einfühlungsvermögen, das Achten auf den anderen Menschen. Wenn sie erst einmal bekannt und gewohnt ist, kann sie gut in die Entspannung führen. In der Massage darf aber auch gelacht werden.

Fast alle Kinder mögen Massage. In eine Geschichte verpackt, kommt sie besonders gut an. Massagegeschichten können eine Bewegungsaktivität abschließen und langsam wieder zur Ruhe führen.

Berührung braucht jeder Mensch. Kinder ohne Berührung verkümmern. Von jedem jederzeit berührt zu werden, mögen Kinder aber nicht. Wenn wir Massagen zum ersten Mal durchführen, sollten die Kinder in Zweiergruppen zusammengehen, und zwar immer zwei Kinder, die sich mögen. Wenn ein Kind gar nicht mitmachen möchte, begleitet es die Leitung: Sie macht alle Bewegungen der Massage an einem Kissen, einem Teddybären oder einer Puppe vor. Kinder, die nicht massiert werden möchten, bekommen also etwa einen Bären und massieren den. Das nächste Mal wollen sie dann vielleicht auch mitmachen.

Massagen sollten nicht unter Zeitdruck gegeben werden, die Bewegungen der Hände könnten sonst zu hektisch werden und eher Stress verursachen als Entspannung vermitteln. Wählen Sie einen ruhigen Raum, in dem Sie und die Kinder nicht gestört werden. Eine Kerze kann das unterstützen. Für Massagegeschichten ist begleitende Musik zumindest die ersten Male eher ungünstig, da die Kinder genug mit der Anleitung, mit ihren Händen und Empfindungen und mit den Reaktionen des anderen zu tun haben.

Bevor wir zu massieren anfangen, reiben wir die Handflächen am besten ein paar Mal fest gegeneinander und schütteln sie aus. Das lockert, und die Hände sind dann warm.

Das zu massierende Kind legt sich entweder auf den Bauch oder setzt sich mit dem Rücken zum Partner, von dem es massiert wird. Denn bei unseren Geschichten wird immer der Rücken massiert, also die Körperfläche, wo Berührungen Fremder am leichtesten zugelassen werden.

Massiert wird links und rechts des Rückgrats, möglichst nicht auf dem Rückgrat selbst.

Soweit möglich, sollten alle massierenden Kinder so sitzen, dass sie die Bewegungen der Leitung verfolgen können.

Es kommt nicht darauf an, dass alles genau nach Anleitung gemacht wird. Diese kann auch je nach Kindergruppe verändert werden, sich an die Vorerfahrungen und den Stand von Motorik und Körperwahrnehmung anpassen.

Wenn die Massage zu Ende ist, wechseln die Rollen im Paar, sodass jedes Kind einmal mit Massieren und einmal mit Massiert-Werden dran ist. Beim ersten Mal kann eine »Halt«-Regel eingeführt werden: Ist etwas unangenehm, sagt das Kind »Halt«, und das andere Kind soll dann vorsichtiger sein. So macht Massage Spaß – und ist ein weiterer Baustein in unserem Thema »Entspannung«.

Hier nun einige Massage-Geschichten. Sie können als »Geschichten mit den Händen« bei den Kindern eingeführt werden:

 Kartoffeln und Blumen

Wir schließen das Gartentor auf.
(Mit den Fingern eine Drehbewegung.)
Wir öffnen das Tor.
(Mit beiden Händen eine öffnende Bewegung über den ganzen Rücken.)
Erst hacken wir und zupfen Unkraut aus.
(Mit aneinandergelegten Fingerspitzen sanft über den Rücken hacken. Ab und zu mit den Fingern am Rücken zupfen.)
Dann rechen wir unser Beet glatt.
(Die Finger beider Hände zu Rechen spreizen und mehrmals über den ganzen Rücken fahren.)

Wir ziehen eine Furche für unsere Setzlinge.
(Mit einem Finger von oben nach unten einen Strich auf dem Rücken ziehen.)
Und noch eine Furche daneben.
(Entsprechend auf der anderen Rückenseite.)
In die erste Furche setzen wir Blumenzwiebeln und decken sie mit Erde zu.
(Mit den Fingern von oben nach unten in der ersten Furche immer eine Setzbewegung mit den Fingerspitzen und dann mit den Fingern darüberstreichen. Das bis zum Ende der Furche.)
In die zweite Furche setzen wir Kartoffeln.
(Wie bei der ersten Furche.)
Erst gießen wir die Blumenzwiebeln.
(Mit den Fingerspitzen schnell von oben nach unten auf eine Rückenseite tippen.)
Dann gießen wir die Kartoffeln
(Nun auf die andere Rückenseite tippen.)
Die Sonne scheint auf unser ganzes Beet.
(Die Hände aneinanderreiben, damit sie gut warm werden, und dann nacheinander an verschiedene Stellen des Rückens legen.)
Wir schließen nun das Gartentor und lassen die Sonne und unser Beet allein.
(Mit beiden Händen eine weite, schließende Bewegung über den Rücken, und dann eine Drehbewegung für den Schlüssel.)

 Kuchen backen

Wir backen einen Kuchen. Erst mischen wir Mehl, Zucker, Hefe. Wasser und ein Ei.
(Mit den Handflächen kreisförmige Bewegungen über den Rücken.)
Wir kneten alles fest zu einem Teig.
(Mit beiden Händen Nacken und Rücken des Kindes kneten und klopfen.)
Dann fetten wir die Backform mit Butter ein.
(Mit den Händen über den Rücken streichen.)
Wir wellen den Teig aus.
(Mit den Händen fest über den ganzen Rücken streichen, schieben und an den Rändern festdrücken.)
Wir streichen Pudding über den Teig und verteilen ihn gut.
(Mit den Händen sanft über den ganzen Rücken streichen.)
Dann schneiden wir Äpfel in Schnitze.
(Mit den Handkanten über den Rücken schneiden.)
Wir legen die Apfelschnitze auf den Teig.
(Mit den Fingerspitzen überall den Rücken berühren.)
Wir streuen Streusel darüber.
(Ganz fein über den Rücken tupfen.)

Wir schieben den Kuchen in den Ofen.
(Mit den Händen von unten nach oben über den Rücken streichen.)
Wir backen den Kuchen.
(Die Hände aneinanderreiben, bis sie ganz warm sind, dann an verschiedenen Stellen des Rückens auflegen, wechselnd.)
Wir holen den Kuchen aus dem Ofen.
(Mit den Händen von oben nach unten über den Rücken streichen.)
Wir schneiden den Kuchen in Stücke – und essen ihn!
(Mit den Handkanten Schneidebewegungen auf dem Rücken, den Kuchen zum Mund führen und essen.)

Natürlich kann die Kuchensorte verändert werden.

Emilia aus der Wolke

Weiße Wolken ziehen langsam am Himmel.
(Mit den Händen über den ganzen Rücken streichen.)
Ganz oben in der weißesten aller Wolken wohnt Emilia. Sie hat geschlafen und macht die Augen auf. Erst das eine Auge –
(Mit der Daumen und Fingern einer Hand eine öffnende Bewegung auf einer Seite des Rückens machen.)
– dann das andere.
(Entsprechend auf der anderen Seite des Rückens mit der anderen Hand.)
Emilia macht das Wolkenfenster weit auf.
(Mit beiden Händen eine öffnende Bewegung über den ganzen Rücken.)
Sie trippelt die Wolken-Wendeltreppe hinunter.
(In Spiralbewegungen mit zwei Fingern den Rücken hinunterspazieren.)
An der Unterseite der Wolke stößt sie sich ab und fliegt mit weiten Flügelschlägen bis auf die Erde.
(Mit den Händen Flugbewegungen von oben bis unten über den ganzen Rücken machen.)
Emilia streift einen Baum. Von Ast zu Ast plumpst sie, bis sie zuletzt mit dem Hintern auf einem Moospolster landet.
(Mit den Fäusten von oben bis unten über den ganzen Rücken plumpsen.)
Aus dem Unterholz huschen einige Hasen und tanzen um Emilia herum.
(Mit den flachen Händen abwechselnd kreisförmig über den Rücken schlagen.)
Eichhörnchen tauchen aus den Büschen auf und werfen Emilia Nüsse zu.
(Mit einzelnen Fingern hier und da den Rücken berühren.)
Ein Reh schmiegt sich ganz dicht an Emilia.
(Mit den flachen Händen den Rücken sanft massieren.)

Emilia steht auf. »*Schön ist es auf der Erde*«, *sagt sie,* »*aber jetzt muss ich wieder in meine Wolke zurück.*« *Sie fliegt in den Himmel.*
(Flugbewegungen von unten nach oben mit den Händen über den Rücken.)
Sie läuft die Wolken-Wendeltreppe hinauf.
(In Spiralbewegungen mit zwei Fingern den Rücken hinaufspazieren.)
Sie macht das Wolkenfenster zu.
(Mit beiden Händen eine schließende Bewegung über den ganzen Rücken.)
Emilia legt sich hin und schließt ihre Augen. Erst das eine Auge –
(Eine schließende Bewegung mit Daumen und Zeigefinger auf der einen Seite des Rückens.)
– dann das andere.
(Wie oben auf der anderen Seite des Rückens.)

Besuch auf dem Bauernhof

Wir sind zu Besuch auf dem Bauernhof und öffnen die Stalltür.
(Mit den Händen eine weite öffnende Bewegung auf dem Rücken.)
Die Katze läuft aus dem Stall heraus.
(Mit den Fingern über den Rücken trippeln.)
Wir striegeln die Kühe.
(Mit den Handflächen fest über beide Seiten des Rückens streichen.)
Wir kraulen sie hinter den Hörnern.
(Mit den Fingern an den Schultern kraulen.)
Wir melken eine Kuh nach der anderen.
(Mit den Fingern beider Hände von oben nach unten am Rücken zupfen.)
Die Milch kommt in eine große Wanne. Das Rührwerk rührt sie durch und kühlt sie.
(Mit den Händen über den Rücken kreisende Bewegungen.)
Nebenan fressen die Schweine Getreidebrei aus dem Trog und schmatzen dabei.
(Mit den Händen öffnende und schließende Bewegungen über den ganzen Rücken.)
Über den Hof laufen Hühner.
(Trippelbewegungen mit den Fingern über den Rücken.)
Ab und zu picken sie nach Körnern.
(Trippeln mit Picken abwechseln.)
In der Scheune wird Kleinholz gehäckselt.
(Mit den Handkanten links und rechts der Wirbelsäule einige Male von oben nach unten und wieder zurück schlagen.)
Wir steigen auf den Traktor. Der rattert los, auf den Acker.
(Die Fäuste links und rechts der Wirbelsäule von oben nach unten bewegen.)
Pferde springen im Pferch.
(Galoppierbewegungen über den Rücken.)

Auf der Weide steht ein Stier und scharrt mit den Hufen.
(Über den Rücken mit beiden Händen Scharrbewegungen.)
Nun rennt er los – aber er hält am Zaun.
(Mit den Fäusten schnell von oben nach unten klopfen.)
Der Traktor setzt uns zu Hause ab. Wir winken zum Abschied.
(Mit beiden Händen über den Rücken streichen.)

Tanz der Tiere

(Die Bewegungen immer im Kreis über den ganzen Rücken. Jedes Tier in Gegenrichtung zum vorherigen.)

Die Tiere halten einen Wettbewerb ab: Wer tanzt am schönsten? Als Erstes zeigen die Löwen, wie sie tanzen.
(Mit den ganzen Handflächen gleichmäßig über den Rücken tupfen.)
Dann kommen die Krokodile.
(Mit den Handflächen ohne abzusetzen Ruckelbewegungen.)
Die Kängurus zeigen ihren berühmten Springtanz.
(Mit den Fingerspitzen auf und ab hüpfen.)
Beim Tanz der Elefanten wackelt der Boden.
(Mit den Fäusten langsam und schwer.)
Die Falken zeigen ihren Tanz im Flug.
(Mit den Handflächen Flugbewegungen.)
Die Störche staksen am Boden.
(Mit den gestreckten Fingern langsame Bewegungen.)
Die Schlangen winden sich auf der Tanzfläche.
(Mit den Handkanten in Schlangenlinien über den Rücken fahren.)
Die Eichhörnchen laufen ein paar schnelle Tanzschritte – dann halten sie inne, und dann laufen sie wieder ein paar schnelle Schritte.
(Mit den Fingerspitzen, mit Pausen.)
Die Delfine zeigen einen Schwimmtanz.
(Mit den Handflächen in Wellenlinien über den Rücken.)
Dann galoppieren die Pferde
(Mit den Fingerspitzen noch einmal drei schnelle Runden.)
Der Tanz der Schnecken ist sicher der gemütlichste.
(Mit den Handflächen wellenförmig über den Rücken streichen.)
Dann ist der Wettbewerb zu Ende. Alle stellen sich an den Rand der Tanzfläche und warten auf das Ergebnis.
(Mit den Handflächen von innen nach außen streichen.)
(Anschließend:) *Und was für ein Tanz, Kinder, war der beste?*

Eigene Geschichten

In dieser Art können wir eigene Massage-Geschichten erfinden. Einige Themen als Anregung:
Zirkusmanege: Die Bewegungen der auftretenden Tiere und Menschen.
Ein Haus wird gebaut: Die Arbeiten der Planierraupe und der Handwerker.
Straßenverkehr: Wir fahren mit verschiedenen Verkehrsmitteln über den Rücken.
Ausflug: Erst gehen wir aus dem Haus (Türe öffnen und schließen), dann fahren wir mit dem Auto, dann parken wir, dann steigen wir aus …
Wandern: Wie gehen die Teilnehmer? Ganz lässig, ganz stramm, hüpfend, schwerfällig, stolzierend … Wir bergsteigen, rasten, schwimmen im Bergsee, spielen Ball vor der Hütte … dazwischen auch mal den Sonnenschein erwähnen und massieren, den Regen …

Yoga

»Yoga« ist ein Begriff aus dem Sanskrit, übersetzt heißt es »Joch«. Gemeint ist ein Anjochen, Anschirren, Anspannen des Körpers an die Seele. Die bei uns bekannt gewordenen Körperübungen sind dabei nur Teil eines philosophischen und spirituellen Systems, das sich in Indien über mindestens drei Jahrtausende entwickelt hat. Heute gibt es eine große Anzahl von Schulrichtungen des Yoga, die sich untereinander erheblich unterscheiden.

Anscheinend haben sich die Körperübungen, die Asanas, erst im Laufe der Zeit herausgebildet und an Bedeutung gewonnen. Ursprünglich waren sie dazu gedacht, den Körper für die Meditation vorzubereiten. Ihre wohltuende Wirkung auf den Körper und ihre entspannende Wirkung steht in vielen heutigen Yogaschulen im Vordergrund, die spirituelle Zielrichtung ist bei der Verbreitung im Westen meist in den Hintergrund getreten oder ganz verschwunden.

Yogaübungen beziehen sich häufig nicht einfach auf Entspannung, sondern auf einen Wechsel von Bewegung in die eine und Bewegung in die andere Richtung, von Anspannung und Entspannung. Sie fördern damit Körperwahrnehmung und die Fähigkeit zur Selbstregulation.

Im Yoga hat sich viel Wissen um den Körper und die Psyche angesammelt. Die Körperübungen werden von Menschen aller Weltanschauungen und Religionen angewandt. Auch Übungen für Kinder wurden entwickelt. Sie kommen dem Bewegungsbedürfnis der Kinder entgegen. In den Körperübungen sollen sich Körper und Psyche harmonisieren, sollen sich Entspannung und Konzentration einstellen. Und manche Yogaübungen für Kinder machen ausgesprochen Spaß.

Hier werden deshalb einige bekannt gewordene Asanas beschrieben. Als »Yoga« müssen sie den Kindern gar nicht vorgestellt werden, es sind Bewegungsspiele. Hauptsache, sie dienen der Entspannung und machen Freude.

Alle Yogaübungen verbessern Ruhe und Konzentration. Den Bewegungen vorangestellt sind weitere Nutzanwendungen.

 Löwe

Diese Übung baut Spannungen und Aggressionen ab. Sie hebt das Selbstvertrauen, entspannt die Gesichtsmuskulatur und sorgt für eine bessere Durchblutung.

»Wir setzen uns auf die Fersen, die Knie weit auseinander.
Die Hände legen wir auf den Boden vor uns, die Fingerspitzen zeigen zum Körper.
Den Rücken machen wir so lang und gerade wie möglich und heben die Brust – wie ein Löwe.
Wir beugen den Kopf nach hinten, dass wir mehr Richtung Himmel schauen, und atmen langsam ein.
Dabei öffnen wir den Mund weit und können auch die Zunge ausstrecken.
Nun atmen wir aus, beugen uns dabei langsam nach vorne und grollen wie ein Löwe – lange und gleichmäßig.«

Boot

Die Bauchmuskulatur wird gestärkt, auch der untere Rücken und das Durchhaltevermögen.

»Wir legen uns auf den Bauch und strecken die Arme nach vorne aus.
Nun heben wir Arme und Beine so weit es geht. Und wir heben auch ein wenig den Kopf.
So schwimmt unser Boot eine Weile auf dem Wasser. (Diese Stellung halten, dabei für die Kinder eine kleine Reisebeschreibung, etwa:) Unser Boot kommt an hohen Bäumen vorbei ... an einer Burg auf hohen Felsen ... an einer großen Stadt, Kühe weiden am Ufer, unser Boot schwimmt an allem vorbei ...«

Wenn die Übung bekannt ist, können wir etwas mehr für den Gleichgewichtssinn tun und sie erschweren: Wir heben nicht alle Gliedmaßen gleichzeitig, sondern erst den rechten Arm und das linke Bein, halten das etwas, senken sie dann wieder ab und heben den linken Arm und das rechte Bein.

Kobra

Die Biegsamkeit der Wirbelsäule wird gefördert, der Brustkorb geöffnet, die Rückenmuskulatur gestärkt und die Durchblutung der Bauchorgane verbessert. So werden auch die Verdauungs- und Ausscheidungsorgane gestärkt und angeregt. Die Anleitung kann etwa folgendermaßen lauten:

»Wir spielen eine Kobra. Das ist eine berühmte Schlange, die es bei uns nicht gibt. Schlangenbeschwörer können sie mit ihrer Flöte zum Tanzen bringen.
Wir legen uns auf den Bauch, die Ellenbogen sind angewinkelt, die Handflächen liegen in der Nähe der Brust auf dem Boden.
Stellt euch vor, die Kobra erwacht gerade und richtet sich auf – ohne aber mit den Händen nachzuhelfen, die Hände liegen einfach auf dem Boden, oder heben sogar vom Boden ab. Der Oberkörper geht höher und höher, so hoch es geht, das Gesicht wendet sich zum Himmel. Während des Aufrichtens atmet die Kobra ein ... und zischt vielleicht dabei.«

Kamel

Die Elastizität der Wirbelsäule wird gefördert, die Haltung verbessert, der Brustkorb geöffnet, die Arbeit der inneren Organe angeregt, das Selbstvertrauen gestärkt.

»Wir spielen Kamele.
Zunächst sitzen wir auf den Fersen.
Wir heben den Po, sodass wir knien.
Wir beugen den Kopf nach hinten, dass wir zum Himmel schauen, und öffnen den Mund.
Wir beugen den ganzen Körper zurück. Unsere Finger versuchen, hinter unserem Körper unsere Fersen zu umfassen.«

Katze

Nacken, Schultern und Rücken werden gelockert.

»Wir gehen in den Vierfüßlerstand.
Mit dem Ausatmen machen wir einen Buckel: das Kreuz geht nach oben, das Kinn zur Brust. Wir können zum Ausatmen Miauen.
Mit dem Einatmen senken wir die Brust und machen ein Hohlkreuz (aber nicht zu stark), die Schultern gehen hinten zusammen, den Kopf heben wir.«

Kerze

Die Bauchmuskulatur wird gestärkt.

»Wir machen eine Kerze. Dazu legen wir uns zuerst auf den Rücken, mit angewinkelten Beinen.
Dann lösen wir die Füße vom Boden und strecken sie und den ganzen Oberkörper so weit und so gerade wie möglich nach oben. Das Gewicht ruht auf den Schultern. Die Hände liegen in den Hüften und unterstützen uns.«

Maus

Wirkt harmonisierend, lockert Rücken, Nacken, Halswirbelsäule und fördert Vertrauen.

»Wir spielen eine Maus. Dazu gehen wir in den Fersensitz, die Hände liegen auf den Oberschenkeln.
Dann beugen wir uns nach vorne (die Hände unterstützen uns), legen die Stirn auf den Boden (eventuell auf ein Kissen) und lassen die Arme nach hinten am Körper liegen.
So liegen wir ein Weilchen in unserer Maushöhle.«

Baum

Zur Verbesserung des Gleichgewichts und der Konzentration, fördert das Selbstvertrauen. *Keine einfache Übung!*

»*Wir spielen einen Baum. Zunächst stehen wir mit beiden Füßen fest auf dem Boden, und jedes Kind überlegt sich einen Baum, den es sein will.*
Wir schauen einen Punkt im Raum an. Dann heben wir ein Bein und legen den Fuß an das andere Bein an. Wer schon etwas geübt ist, versucht die Fußsohle in Höhe des Knies anzulegen.
Die Hände falten wir vor der Brust.
Mit dem Einatmen gehen die Hände nach oben, über den Kopf.
Wir gehen wieder in die Ausgangsstellung mit beiden Beinen am Boden – und legen nun das andere Bein an, die Hände werden wieder erst gefaltet und gehen dann nach oben.«

Heuschrecke

Der untere Rücken und die Gesäßmuskulatur werden gestärkt.

»*Wir spielen Heuschrecke. Dazu legen wir uns auf den Bauch. Die Beine liegen aneinander. Die Arme liegen neben dem Körper. Die Hände ballen wir zu Fäusten und legen sie unter die Oberschenkel. Das Kinn liegt am Boden.*
Jetzt heben wir die Beine zusammen vom Boden ab. Wir heben sie, so weit es geht. Der restliche Körper bleibt am Boden, so wie er ist.
Diese Position halten wir einige Atemzüge – und dann sinken die Beine langsam wieder, bis sie auf dem Boden liegen.
Wir achten einige Züge lang auf unseren Atem – dann wiederholen wir alles.«

Blume

Eine Gleichgewichtsübung.

»*Wir spielen Blumen. Was für Blumen möchtet ihr denn sein? – Wir setzen uns auf den Boden und ziehen die Beine halb an den Körper.*
Wir fahren mit den Armen von innen unter die Unterschenkel und halten sie so. Die Unterarme liegen nun unter den Unterschenkeln, die Hände zeigen nach außen. Die Füße heben etwas vom Boden ab. Mit dem Po müssen wir balancieren, um das Gleichgewicht zu finden.
Das halten wir eine Weile, immer im Gleichgewicht – dann lassen wir die Blumen alleine weiterblühen und werden wieder Menschen.«

Storch

Eine Gleichgewichtsübung, auch gut für den Rücken. *Keine einfache Übung!*

»Wir machen den Storch. Dazu stellen wir uns hin.
Dann legen wir einen Fuß über den Oberschenkel des anderen Beins.
Die Arme strecken wir nach vorne.
Den Rücken machen wir schön gerade.
Die Haltung halten wir ein Weilchen, so wie der Storch unbeweglich in den Wiesen steht.
Dann nehmen wir den Fuß herunter und machen dasselbe mit dem anderen Fuß.
Wir halten das wieder eine Weile – dann nehmen wir den Fuß herunter und werden wieder Menschen.«

 ## Holzhacker

Baut Aggressionen, Anspannung und Unruhe ab, gibt Selbstvertrauen, lockert und vertieft die Atmung.

»Wir spielen Holzhacker. Einen ganzen Berg Holzscheite dürfen wir kleinhacken.
Wir stellen uns hin, die Beine etwas auseinander, damit wir einen sicheren Stand haben.
Wir achten auf unseren Atem, wie er in uns hineinströmt und wieder heraus.
Mit der nächsten Einatmung falten wir unsere Hände und heben sie hoch, bis über den Kopf. Das ist unsere Axt.
Mit der nächsten Ausatmung lassen wir die Axt nach unten sausen und spalten den ersten Holzklotz. Dabei fällt der Oberkörper nach vorne und wir rufen mit der Ausatmung laut ›Ha!‹
Wir stehen wieder in der Ausgangshaltung und achten auf unseren Atem. Mit einer Einatmung kommt dann der nächste Holzklotz dran!«

Wenn die Übung schon bekannt ist, kann der Leiter vorher den Kindern sagen: »Versucht alles, was euch ärgert oder euch Angst macht, mit diesem ›Ha!‹ herauszulassen!«

 ## Gorilla

Baut Aggressionen, Anspannung und Unruhe ab, gibt Selbstvertrauen, lockert und vertieft die Atmung.

»Wir spielen Gorillas. Dazu stellen wir uns ganz locker hin, die Beine etwas auseinander, damit wir gut und sicher stehen.
Wir achten auf unseren Atem, wie er in uns hineinströmt und wieder heraus.
Wir atmen tief durch die Nase ein – und durch den Mund wieder aus. Mit dem Ausatmen brüllen wir laut ›Uaaah!‹ und trommeln dazu mit den Fingern oder gar den Fäusten auf unserer Brust.
Dann stehen wir wieder still und achten auf unseren Atem.

Und atmen tief durch die Nase ein und mit einem lauten ›Uaaah!‹ wieder durch den Mund aus und trommeln dazu auf unserer Brust.
Das wiederholen wir noch ein paar Mal.«

 ## Atmende Blume

Eine anspruchsvollere Atemübung ist die atmende Blume. Sie dient der Ruhe und Konzentration und vertieft den Atem.

»*Wir sitzen entspannt aufrecht im Fersensitz (es geht auch der Schneidersitz).*

(1.) Die Hände legen wir mit offenen Handflächen in Gebetshaltung vor die Brust aneinander.
Wir atmen ein – und öffnen dabei die Hände, bewegen die Handflächen voneinander weg. Wir atmen aus – und schließen die Hände wieder vor der Brust.
So atmen wir einige Male, immer begleitet vom Öffnen und Schließen der Hände.
Wir lassen nun die Hände sinken und achten noch etwas auf unseren Atem.

(2.) Wir nehmen die Hände wieder in der Gebetsstellung vor die Brust.
Wir atmen wieder ein – und bewegen dabei unsere Hände nach vorne, strecken sie waagrecht aus und dann nach außen und beschreiben beim Ausatmen einen Bogen – der endet wieder in der Gebetshaltung vor unserer Brust. Die Bewegung ist etwa wie beim Brustschwimmen.
Das wiederholen wir mehrere Male. Dann lassen wir die Hände sinken und achten noch etwas auf unseren Atem.

(3.) Nun atmen wir wieder ein – und bewegen dabei unsere Hände links und rechts in einem großen Halbkreis vom Boden bis über den Kopf. Wir atmen aus – und die Hände gehen ihren Halbkreis wieder nach unten. Wir atmen ein Mal ein und aus, ohne die Hände zu bewegen. Beim nächsten Ein- und Ausatmen dann wieder der Halbkreis. Und wieder einmal normal ein- und ausatmen. Das wiederholen wir noch einige Male.
Dann lassen wir die Hände sinken und achten noch etwas auf unseren Atem.«

Wir können eine Variante der *atmenden Blume* auch als Gruppe durchführen. Wir sitzen im Kreis und fassen uns an den Händen. Beim Einatmen heben wir die Hände hoch über den Kopf, beim Ausatmen sinken die Hände wieder.

 ## Die Karawane: Eine Yoga-Geschichte

Wir können Yoga-Übungen auch aneinanderreihen, sobald sie einzeln bekannt sind und nicht mehr ausführlich erklärt werden müssen. Dann entsteht eine Yoga-Geschichte. Am Anfang wird der Name der jeweiligen Yoga-Übung genannt. Die Kinder nehmen die Stellung ein, und wir erzählen den Fortlauf der Geschichte. So wechseln die Haltungen im Lauf der Geschichte ab. Der Text kann wesentlich ausführlicher gestaltet werden als unten ausgeführt.

Nach der Geschichte kommt eine kleine Entspannungsübung. Die Entspannungsformeln werden langsam und mit Pausen vorgetragen. Im Anschluss könnte auch noch eine Fantasiereise vorgetragen werden.

Kamel: Wir sind durch die Wüste unterwegs auf unseren Kamelen. Zwischen den endlosen Sanddünen zieht unsere Karawane hin.

Baum: Endlich haben wir die Wüste durchquert. Wir treffen auf den ersten Baum.

Löwe: Unter dem Baum lagert ein Löwe. Als wir vorüberziehen, schaut er lange zu uns her. Er grollt uns hinterdrein und zeigt uns, wer hier zu bestimmen hat.

Maus: In der Höhle unter dem Löwen sitzt eine Maus. Still wartet sie, dass der laute Löwe wieder verschwindet.

Blume: Nach einer Weile rastet unsere Karawane. Blumen wachsen um unseren Rastplatz, eine schöner als die andere.

Schlussentspannung: Wir legen uns um das Feuer unseres Rastplatzes und ruhen ein wenig aus. Wir schließen die Augen, denn es ist ganz friedlich hier.
Spürst du die Ruhe der lagernden Karawane? Spürst du die Ruhe auch in dir?
Deine Arme sind schwer, und deine Beine sind schwer. Spürst du die Schwere in dir?
Die Wärme der Sonne strömt durch deine Arme, durch deinen Bauch, bis in die Füße hinein. Spürst du die Wärme in dir?
Dein Atem geht ein und aus, ein und aus, ganz ruhig und gleichmäßig, ganz von allein.
So liegst du ein Weilchen und ruhst dich aus. Du spürst die Ruhe und die Kraft tief in dir wachsen.

Nach der Schlussentspannung kommt die Rücknahme der Entspannung:

»Unsere Rast ist jetzt zu Ende. Wir öffnen die Augen. Wir recken und strecken uns. Wir richten uns auf.«

Dann können wir über die Yoga-Geschichte reden und vielleicht ein Bild dazu malen.

Mandalas

Mit einem »Mandala« ist ein kreisförmiges Objekt gemeint. Beispielsweise sind viele Kirchenrosetten Mandalas.

Das Wort selbst stammt aus dem Sanskrit, übersetzt heißt es »Kreis« oder »Ring«, im asiatischen Raum versteht man darunter in der Regel gemalte oder gelegte Meditationsbilder. Allerdings ist die Verwendung von Mandalas nicht auf eine bestimmte Religion oder Kultur beschränkt, sie findet sich unter Hinduisten und Buddhisten gleichermaßen wie auch im Christentum sowie ganz ohne religiösen Bezug.

In unserem Zusammenhang sind Mandalas wegen ihrer beruhigenden Wirkung als Ausmalbilder für Kinder bekannt geworden. Aus dem Netz können Sie zahlreiche

Ausmal-Mandalas herunterladen. Aus Kindergruppen ist bekannt, dass viele Kinder gut auf Mandalas ansprechen. Ob ihre besondere Form wirklich Vorteile gegenüber anderen Ausmalbildern hat, ist unbekannt. Allerdings haben viele der veröffentlichten Ausmal-Mandalas nur noch wenig mit dem ursprünglichen Zweck dieser Objekte zu tun. Wenn Rennwagen zum Ausmalen kreisförmig angeordnet sind, dürfte das dem Sinn von Mandalas nicht mehr entsprechen.

Der Vorteil des Mandala-Malens: Es ist einfach und beschäftigt die Kinder. Wir brauchen Stifte, eine Unterlage, und die Ausmalvorlagen.

Eine andere Möglichkeit ist das Legen von Mandalas. Um eine Mitte, etwa eine Kerze, können gesammelte Materialien gelegt werden, am besten aus der Natur. Das geschieht möglichst in der Gruppe. Immer zu einem Signal, etwa dem Ton einer Klangschale, legt ein Kind (bei größeren Gruppen auch mehrere) weiter, die anderen betrachten nur. Wenn Naturmaterialien vorher gemeinsam gesucht worden sind, etwa Herbstblätter, ist das besonders schön.

Das Legen von Mandalas aus gesammelten Naturmaterialien ist eine zwanglose Möglichkeit, sich in die Natur zu begeben und sich mit ihr zu beschäftigen. Bereits dies wirkt gegen Stress und fördert Entspannung. Denn Natur verlangsamt und beruhigt und fördert die Achtsamkeit. Wenn dann durch das Legen eines Mandalas noch etwas dazukommt – umso besser!

Haben wir draußen Steine für unser Mandala gesammelt, können wir uns im Kreis um eine Kerze setzen. Jedes Kind bekommt einen der Steine. Auf ein Signal, am schönsten ist der Ton einer Klangschale, schließen wir die Augen und versuchen alle, im Stein Stille zu spüren. Nach einer Weile tönt die Klangschale wieder. Wir öffnen die Augen und geben den Stein weiter, empfangen den nächsten. Am Ende legen wir alle Steine als Mandala in die Mitte und reden darüber, wie das mit der Stille ging. Ob wir sie spüren konnten, wie sich das angefühlt hat. Dann vervollständigen wir mit anderen Steinen und Materialien unser Mandala.

Extra: Geführte Imaginationen

Wir hatten Fantasiereisen als bildhafte Vorstellungen von Natur oder wenig bewegter städtischer Umgebung kennengelernt, als Beschreibung eines Gangs über die Felder oder durch den Wald, als Beschreibung eines Sees oder des Abstellgleises am Bahnhof. »Alles ist ruhig, wenn etwas passiert, passiert es langsam und ohne Überraschungsmoment.

In geführten Imaginationen kann mehr passieren. In ihnen werden gleichfalls Bilder verwendet, oft Bilder aus der Natur – sie müssen aber nicht unmittelbar Ruhe und Entspannung als Ziel haben.

Da kann etwa ein Wirbelsturm beschrieben werden, da kann Zerstörung vorkommen, oder es können Bilder angeboten werden wie eine Zaubertür, die sich nur manchen Menschen öffnet.

Geführte Imaginationen wollen die Auseinandersetzung von Kindern mit belastenden Themen fördern und lenken. Sie sollen hier ebenfalls aufgeführt und an Beispielen erläutert werden: wegen ihrer formalen Ähnlichkeit mit Fantasiereisen, und da eine solche Auseinandersetzung – etwa mit Aggressionen – letztlich günstig für die Entspannung des Kindes sein kann.

Anders als bei Fantasiereisen sollten Sie sich nach solchen geführten Imaginationen unbedingt Zeit nehmen, mit den Kindern über das Erlebte zu sprechen. Das Gespräch über das Thema und die Reaktionen der Kinder können wichtiger sein als die geführte Imagination selbst. Vielleicht lassen Sie vor dem Gespräch Motive aus der geführten Imagination malen.

Solche Vorstellungsreisen haben ganz verschiedene Bereiche zum Thema. Sie können soziale Themen ansprechen, beispielsweise zur Förderung von Einfühlungsvermögen in andere oder zur Wahrnehmung sozialer Zusammenhänge; sie können sich auch mit der eigenen Person beschäftigen – so zum Erkennen eigener Probleme, Bedürfnisse, Stärken und Vorlieben.

Zunächst kann mit einem *Ruheort* (S. 52) oder dem *Meeratem* (S. 85) Entspannung hergestellt werden, dann folgt die geführte Imagination, anschließend kommt die Rücknahme der Entspannung. Und dann die verbale Beschäftigung mit der erlebten Imagination.

Im Folgenden einige Beispiele für geführte Imaginationen, jeweils mit einer Vorbemerkung zur Einordnung.

 Deine Tür

Hier geht es um Beziehungen, um das Annehmen und Ablehnen anderer Menschen. Manche dürfen durch die Tür kommen, manche nicht. Solche Einstellungen bewusst zu machen, kann soziale Beziehungen klären. Und es kann ermutigend für das Kind sein, wenn es sieht, wie viele Menschen »hinter ihm stehen«.

Eine Erweiterung ist es, dass die Kinder versuchen sollen, auch Kinder, mit denen sie nicht gut stehen, mit denen sie gerade Streit haben, oder gegenüber denen sie Vorbehalte hegen, durch die Tür zu lassen.

Stell dir eine weite Wiese vor. Mitten in der Wiese steht eine Tür. Das ist deine Tür, durch die niemand kommen kann, wenn du nicht willst.
Stell dir vor, wie ein Kind, das du magst, vor der Tür steht und dich anschaut.
Gib ihm mit den Augen einen Wink. – Es geht durch die Tür, zu dir und stellt sich hinter dir auf.

Stell dir vor, wie ein Erwachsener, den du magst, vor der Tür steht und dich anschaut. Gib ihm mit den Augen einen Wink. – Er geht durch die Tür, zu dir und stellt sich hinter dir auf.
Stell dir vor, wie ein Kind, das du nicht magst, vor der Tür steht und dich anschaut. Es will die Tür öffnen. Das geht nicht. Es tritt beiseite. Vielleicht darf es das später noch einmal versuchen.
Stell dir vor, wie ein Erwachsener, den du nicht magst, vor der Tür steht und dich anschaut.
Er will die Tür öffnen. Das geht nicht. Er tritt beiseite. Vielleicht darf er das später noch einmal versuchen.
Stell dir vor, wie ein Kind, bei dem du dir unsicher bist, wie du zu ihm stehst, vor der Tür steht und dich anschaut.
Es will die Tür öffnen. Überlege dir, ob du ihm einen Wink geben sollst oder nicht. Überlege dir, ob es hindurchtreten darf oder ob es das irgendwann später noch einmal versuchen soll.
Stell dir nun einige Menschen vor, Erwachsene oder Kinder, wie sie nach und nach vortreten, um deine Tür zu öffnen. Wie sie nach und nach durch die Tür treten, zu dir oder beiseite.
(*Etwas Zeit lassen.*)
Für heute ist es genug, die Tür ist später immer noch da. Dreh dich nun in Gedanken um und schau, wer alles durch deine Tür zu dir kommen durfte.

 ## Schenken

Es gibt eine naturgegebene Großzügigkeit bei Kindern und eine Freude am Teilen. Die steht allerdings oft in Konflikt mit ihrem gleichfalls ausgeprägten Haben-und-nicht-wieder-Loslassen-Wollen, sodass sie gern etwas Unterstützung annehmen dürften. Das versucht die folgende Imagination, die je nach Situation auch abgewandelt werden kann.

Stell dir einen Garten vor, mit einer schönen Wiese. Vögel singen, am Himmel ziehen weiße Wolken …
Du stehst da, in diesem Garten – und hast in deinen Händen etwas verborgen, das dir wichtig ist. Nur du selbst weißt, was es ist.
Vor dir stehen einige Kinder, die du kennst. Stell sie dir genau vor.
Und dann stell dir vor, wie du zu einem der Kinder gehst. Du bleibst vor ihm stehen. Langsam öffnest du deine Hände und zeigst ihm, was du darin verborgen hältst.
Du gibst dem anderen Kind das, was dir wichtig ist, du machst es ihm zum Geschenk. Stell dir vor, wie das andere Kind lächelt.
Stell dir dein eigenes Lächeln vor und das frohe Gefühl.

 Nächtlicher Garten

Einlassen auf das Unbekannte, Unheimliche ... Unsere Furcht davor kommt zum großen Teil davon, dass wir es eben nicht kennen, dass wir »im Dunkeln stehen«. Aber stehen wir eine Weile wirklich im Dunkeln, nachts etwa, gewöhnen sich unsere Augen daran. Unsere Pupillen erweitern sich, um das spärlichere Licht besser auffangen zu können – und die Welt wird wieder heller. Das ein Stück weit nahezubringen, versucht die folgende Imagination.

Stell dir vor, du bist in einem fremden Haus. Du übernachtest hier. Eigentlich ist es schön, aber du kannst nicht schlafen.
Ein Nachtlicht brennt, du schaust dich im Zimmer um, siehst deine Sachen ...
Du ziehst die Vorhänge vor der Terrassentür zurück ...
Du schaust hinaus in den nächtlichen Garten, der dunkel ist ...
Streichen da Schatten im Garten umher? Oder sind das Äste von Bäumen? Du kneifst die Augen zusammen, um besser sehen zu können.
Du öffnest die Terrassentür. Es geht ganz leicht.
Ein kühler Wind kommt vom Garten und bläht die Vorhänge.
Du starrst hinaus in den dunklen Garten.
Dann trittst du mit langsamen, vorsichtigen Schritten hinaus.
Dein Herzschlag scheint schneller zu gehen.
Nach ein paar Schritten bleibst du stehen: Hinter dir die erleuchtete Tür – vor dir der dunkle Garten – der aber doch ein bisschen heller geworden ist. Du siehst nun, dass der Mond scheint. Aber viel dunkler als im Haus ist es trotzdem.
Du gehst weiter in den Garten, in eine Wiese hinein. Du spürst das Gras unter dir. Und der Garten wird immer heller, je mehr sich deine Augen an die Dunkelheit gewöhnen.
Du bist stehengeblieben und siehst dich um. Alles ist wie verzaubert. Mondlicht überflutet silbern den Garten. Die Bäume sehen wie Freunde aus. – Und hoppelt dort nicht ein Kaninchen?
Dein Herzschlag geht schneller vor Freude.
Du riechst den Duft der Blumen, der dir am Tag gar nicht aufgefallen war.
Du fühlst dich geborgen in der Dunkelheit, die voll Licht ist, voller Geheimnisse. Und voll Freude.
Ein Weilchen stehst du noch im Garten und freust dich. – Dann gehst du langsam zurück zum Haus.
Du trittst durch die Tür zurück in dein Schlafzimmer. Du schaust noch ein bisschen hinaus in den Garten, dann ziehst du die Vorhänge wieder zu und legst dich hin.

 Kastanie

Von Entwicklung und Kraft handelt die Imagination »Kastanie«. Ihre Grundaussage, dass im Kleinen das Große schon ganz enthalten ist, wirkt besonders auf Kinder ermutigend.

Stell dir vor, dass in deiner Hand eine Kastanie liegt. Stell sie dir ganz genau vor, wie sie sich anfühlt, wie rund sie ist und wie glatt.
Tief innen in der Kastanie ist es lebendig. Vielleicht kannst du es fühlen. Es schläft dort. Es träumt.
Es träumt vom Wachsen, von der Größe und Kraft, von Sonne und Regen.
In der kleinen Kastanie ist das Große schon ganz enthalten, aus der kleinen Kastanie kann ein ganzer, großer Kastanienbaum wachsen. In der Eichel ist der Eichbaum enthalten, im Getreidekorn der ganze Halm, in der Nuss der Haselstrauch, im Apfelkern der Apfelbaum mit allen seinen Äpfeln. Stell dir die Kastanie vor, die so unscheinbar ist – aber in der eine Kraft liegt, die so groß ist, wie dann später der große Kastanienbaum.
Die Kastanie liegt einfach nur da. Irgendwann in der Erde wird sie wachsen. Ein Trieb wird durch das Glatte und Runde brechen, ans Licht der Sonne. Getränkt vom Regen wird er weiter wachsen, nach unten: die Wurzel – und nach oben: der Stamm.
In deiner Hand liegt die Kastanie. Wenn du die Hand schließt, kannst du sie völlig umfassen. Im Kleinen ist das Große schon enthalten.
Die Kraft ist immer schon da, auch in dir selbst. Du kannst sie fühlen, tief in dir selbst. Spürst du die Kraft in dir? Spür ganz in dich hinein, in die Kraft!

Der Vogel

Eine Imagination, in der ein Vogel vorgestellt wird, der durch den Körper fliegt und überall positive Qualitäten verbreitet. Im Text werden Gesundheit, Kraft, Ruhe, Wohlbefinden aufgeführt. Das können Sie auch verändern. Vielleicht machen Sie die Reise mal nur zur Gesundheit, mal nur zur Ruhe, mal nur zur Gewinnung von Kraft.

Stell dir vor, dass es in dir so etwas wie einen Vogel der Freude gibt. Stell dir vor, wie er aussieht – freundlich und stark. Es ist dein Vogel. Seine Schwingen schlagen unermüdlich. Der Vogel fliegt durch deinen Körper und verbreitet überall Wohlbefinden und Gesundheit um sich.

Stell dir vor, wie der Vogel in deiner starken Hand fliegt. Er schlägt mit seinen Schwingen und fliegt durch den weiten Raum deiner Hand. Wo es dunkel war, wird es angenehm hell, wenn der Vogel hindurchfliegt. Wo es kühl war, wird es angenehm warm. Wo es schwach war, wird es stark.
Vielleicht hörst du auch Klänge, die erst dunkel sind und verworren, und die hell und schön werden, wenn der Vogel vorbeikommt.
Vielleicht siehst du auch Farben, die erst kühl und unfreundlich sind, und die hell und freundlich werden, wenn der Vogel vorbeifliegt.
Der Vogel fliegt von deiner starken Hand den Arm hinauf und verbreitet überall Wohlbefinden. Stell dir das langsame Schlagen der Schwingen vor. Stell dir vor, wie sich Ruhe und Kraft verbreiten.
Der Vogel fliegt über deine Schulter in den anderen Arm hinunter. Stell dir vor, wie er auf seinem Flug überall Ruhe und Kraft verbreitet.
Der Vogel fliegt den Arm wieder hinauf und in deine Schulter. Wo es kalt war, macht er es warm, wo es unruhig war, macht er es ruhig.
Der Vogel geht deinen Rücken hinunter und macht es überall schön ruhig und kraftvoll. Blaue Kühle wird zu roter Wärme auf seinem Flug.
Der Flug des Vogels geht dein Bein hinab, in die Füße und in die Zehen hinein. Überall macht der Vogel es ruhig und stark auf seinem Flug.
Das Bein wieder hinauf und in das andere Bein geht der Flug deines Vogels. Überall verbreitet er Ruhe und Kraft um sich.
Der Vogel fliegt im weiten Raum deines Bauchs. Wo es dunkel war, macht er es hell, wo es angespannt war, entspannt er alles, er verbreitet Ruhe und Kraft um sich.
Der Vogel fliegt durch den Raum deiner Brust, durch deinen Atem geht der ruhige Flug deines Vogel, überall um sich verbreitet er Ruhe und Kraft.
Der Vogel fliegt im weiten Raum deines Kopfes. Überall um sich herum verbreitet er Ruhe und Klarheit.
Der Vogel fliegt hinunter in deine starke Hand, wo unsere Reise begonnen hat. Überall auf seinem Weg verbreitet er Ruhe und Kraft. Stell dir den Vogel vor, das Schlagen der Schwingen, und wie er das Gute verbreitet, wo immer er fliegt …
Der Vogel fliegt immer noch, unermüdlich. Wir lassen ihn fliegen und kommen selber langsam zurück.

Gewitter

Ein heftiges Gewitter bringt Gefahr und Zerstörung. Aber danach trinken die Pflanzen vom Regen, und die Amsel singt wieder. Ein Gespräch über das Erleben von Gewittern kann anschließend auch auf das Thema Aggression übergehen.

Stell dir vor, du bist im Haus am Fenster und schaust hinaus. Im Haus ist es ganz ruhig und warm. Du fühlst dich gut.
Draußen sind dunkle Wolken aufgezogen, eine Gewitterfront. Es ist düster geworden. Du hast das Licht im Haus angemacht, hier ist es hell.
Draußen fährt der Wind immer stärker in die Kronen der Bäume. Du hörst, wie Äste aneinanderschlagen. Drinnen im Haus ist es ganz ruhig.
Draußen biegen sich die Bäume in Windböen. Ein Ast bricht und stürzt auf die Straße. Regen beginnt. Erst fallen nur einzelne Tropfen, fast zögernd, aber bald schon schüttet es heftig vom Himmel.
Ein Blitz erhellt alles. Gleich darauf kracht ein Donnerschlag. Noch ein Blitz und wieder der Donner. Hier im Haus ist es ganz still, kein Lüftchen geht.
In den Regen mischt sich Hagel. Die Eiskörner fallen ganz dicht. Du hörst ihr Prasseln auf den Dächern und auf der Straße. Sie schlagen Blätter von den Bäumen. Drüben vor dem Haus liegen zerschmetterte Blumentöpfe.
Noch ein Blitz. Und wieder der Donner. Noch näher diesmal. Windböen lassen Äste krachen, ein paar brechen ganz und stürzen auf die Straße.
Das Prasseln des Regens ist laut.
Du siehst Leute an den Fenstern anderer Häuser stehen, die wie du das Gewitter beobachten. Dort stehen welche auf der überdachten Terrasse.
Noch ein Blitz. Der Donner braucht diesmal länger. Der Regen ist so dicht wie zuvor, aber das Gewitter zieht ab.
Der Regen wird schwächer. Von fern ist noch das Grollen des Donners zu hören. Das Gewitter ist abgezogen.
Du gehst aus dem Haus. Der Regen hat aufgehört. Überall liegen Zweige und sogar dicke Äste, die der Wind gebrochen hat. Du bückst dich zu den Hagelkörnern. Eines hebst du auf und lässt es in deiner Hand schmelzen.
Die Sonne blinzelt zwischen den Wolken vor. Überall ist es nass. Die durstigen Pflanzen trinken vom Regen. Eine Amsel beginnt schon wieder zu singen. Du lauschst ein Weilchen ihrem Lied. Die Sonne wärmt dein Gesicht.

Die Trauerweide

Die Imagination *Trauerweide* ist ganz wie eine Fantasiereise gehalten. Ihre Stimmung aber ist nach einer ruhigen Einführung dunkel. Immer wieder wird auf Trauer angespielt. Am Ende liegt die Betonung aber auf Stärke.

Du gehst um den See. Enten schnattern, Schilf wiegt sich im leichten Wind. Das Geräusch, wenn die Schilfrohre aneinander streifen …
Du setzt Schritt vor Schritt. Die Langsamkeit des Gehens, die Regelmäßigkeit deiner Schritte tun dir gut …

Auf dem See kräuseln sich Wellen, wie Falten auf einem Gesicht. Das Wasser sieht silbern aus.
Der Schrei einer Ente – er hört sich wie eine Klage an. Noch einmal schreit sie. Dann ist es still, bis auf den Wind im Schilf.
An einem Baum am See bleibst du stehen. Seine Zweige sind grün, aber sie hängen herab wie Schnüre, bis an die Oberfläche des Sees. Das ist eine Trauerweide.
Die Weide sieht wirklich so aus, als würde sie trauern. Du neigst deinen Kopf ... Du berührst ihren Stamm, ob du etwas von ihrer Trauer spüren kannst ...
Aus dem See schaut dir das Spiegelbild der Weide entgegen. Du schaust es lange an. Die hängenden Zweige zittern leicht, wenn der leichte Wind vom See sie berührt.
Ab und zu tönt der klagende Ruf einer Ente.
Du schaust in den Wipfel der Weide hinauf. Wie hoch sie ist! Die Trauerweide ist ein mächtiger Baum.
Du berührst noch einmal den Stamm der Weide. Wenn du genau acht gibst, dann spürst du dort, wo die Trauer ist, eine große Kraft.
Du fasst mit den Händen an den Stamm der Weide und spürst die Stärke in ihr.
Vom See her tönen wieder Rufe der Ente, kraftvoll sind sie und von einer großen Ruhe.

Der Berg und die Weinbergschnecke

Wie ein Berg türmt sich manches Problem vor uns auf. Manchmal hilft es, nicht auf den ganzen Berg zu schauen, sondern sich, Schritt für Schritt, einfach auf den Weg zu machen. Davon handelt die folgende Imagination.

Stell dir vor, du gehst auf dem Weg durch eine Wiese. Grashalme wiegen sich im Wind – und viele Blumen, rote, blaue, weiße, gelbe ... Von den Hecken pfeifen Vögel. Die Sonne scheint warm ...
Du gehst langsam deinen Weg und freust dich an deinen Schritten. – Plötzlich hebst du den Kopf – der Weg wird steiler und steiler, denn vor dir erhebt sich ein Berg.
Erschrocken bleibst du stehen. Der Berg ist so hoch. Wie sollst du ihn je ersteigen? Mutlos lässt du den Kopf sinken.
Da siehst du eine Weinbergschnecke, die neben dir auf dem Weg kriecht. Ganz gemächlich kriecht sie in Richtung des Berges, obwohl sie noch ihr eigenes Häuschen mit sich trägt. Ihre Fühler bewegen sich langsam. Immer nur ein kleines Stückchen weiter bewegt sich die Weinbergschnecke – und kommt voran.
Da wird dein Herz froh, und du beginnst wieder zu gehen. Schritt vor Schritt setzt du auf deinem Weg. Schritt für Schritt kommst du voran.
Der Pfad steigt höher und höher. Du kommst durch einen Bergwald. Das Spiel von Licht und Schatten gefällt dir.

Dann endet der Wald, und die Bergwiesen beginnen. Hohe Gräser wiegen sich im Wind. Du hörst das Läuten von Kuhglocken.

Dein Weg führt an einer Berghütte vorbei. Neben der Hütte plätschert ein Brunnen. Du bleibst nicht stehen, sondern gehst Schritt für Schritt deinen Weg.

Du achtest auf deinen Atem, wie er einströmt und ausströmt, ganz ruhig und gleichmäßig, ganz von allein.

Dann hast du den Gipfel des Berges erreicht. Du bleibst stehen und schaust in die Richtung, aus der du kamst. Diesen ganzen weiten Weg bist du gegangen.

Wo die Weinbergschnecke jetzt wohl ist? Irgendwann wird sie auch hier sein, auf dem Gipfel des Berges.

Du machst dich an den Abstieg von deinem Berg – Schritt für Schritt.

Über die Bergwiese geht es, an der Hütte vorbei, durch den Bergwald, immer Schritt für Schritt auf dem Weg. Du triffst auch eine Weinbergschnecke. Ob es dieselbe wie vorhin ist, weißt du nicht.

Bald stehst du wieder unten und betrachtest dir den Berg von der Wiese aus. Hier und da siehst du Orte, wo du selbst warst. Vögel singen ringsum. Halme wiegen sich im Wind.

6 Entspannungsstunden

Wir haben in den vorangegangenen Kapiteln verschiedene Zugänge zur Entspannung für Kinder kennengelernt. So können wir für unterschiedlich veranlagte Kinder etwas Passendes und Ansprechendes finden. Und wir haben die Gelegenheit, in ganz normalen Spielaktivitäten, Naturerkundungen, Erzähl- und Singsituationen etwas in Richtung Entspannung und Konzentration zu tun. Eine Vielzahl von Anregungen zur Ruhe, Verlangsamung, Entspannung, Konzentration, im Wechsel mit Bewegung, Anspannung, Aktivität über den Tag hat vielleicht ähnliche Wirkungen wie ein zeitlich begrenzter Entspannungskurs.

Eine ausgesprochene Entspannungsstunde kann allerdings gut sein, um den Wert von Entspannung den Kindern bewusster zu machen. Mit Älteren kann Entspannung dann auch thematisiert werden. Bei Durchführung der meisten Entspannungsaktivitäten im Tagesablauf muss das nicht sein. Das sind dann für die Kinder einfach Spiele, Geschichten, Lieder.

Wenn wir eine Entspannungsstunde anbieten und Entspannung thematisieren wollen, benötigen wir noch einiges mehr. Die folgenden Abschnitte führen aus, wie Entspannung optimal gelernt wird. Sie beschäftigen sich mit der Lernumgebung und den nötigen Materialien, skizzieren, wie Entspannungsstunden und Sequenzen aus mehreren Stunden aufgebaut sein können und geben Anregungen zur Übertragung in den Alltag.

Beispiele

Bei einer regelmäßig angebotenen Stunde »Entspannung« fragen Sie eingangs: »*Entspannung, was ist das?*« Diese offene Frage an die Kinder leitet ein Gespräch ein. Aus den Antworten ersehen Sie die Vorkenntnisse der Teilnehmer. Und Sie können schon das eine oder andere bestätigen, das für Entspannung wichtig ist.

Anschließend können Sie an zwei Beispielen veranschaulichen, was mit Entspannung gemeint ist, jeweils in Form einer Anleitung und eines Gesprächs darüber. Das erste Beispiel stammt aus der Progressiven Muskelentspannung.

Anspannung – Entspannung: *»Wir ballen alle unsere starke Hand zur Faust. Wir drücken die Faust ganz fest. Wir halten die Spannung, und achten darauf, wie sich das anfühlt. Das ist die Anspannung. Dann lassen wir los. Wir lassen die Anspannung ganz los und achten auf die Veränderung des Gefühls. Wir lassen immer noch weiter Spannung* los, es geht immer noch ein bisschen mehr. Wir achten auf den Unterschied des Gefühls zu vorher. Das ist die Entspannung. Das wiederholen wir insgesamt drei Mal.«

Anschließend eine Erklärung: »*Entspannung ist also gar nichts Großartiges, das wir auf kompliziertem Wege erreichen müssen, für das wir viel tun müssen. Entspannung ist einfach, wenn wir angespannt sind und diese Anspannung loslassen.*
Allerdings merken wir meist gar nicht, wenn wir angespannt sind. Wir können aber lernen, mehr darauf zu achten. Damit wir dann etwas dagegen tun können.
Für dieses Loslassen gibt es ein paar besonders gute Methoden. Die lernen wir in unserer Entspannungsstunde.«

So etwa kann eine erste Erklärung aussehen, was Entspannung ist.
Wenn wir zum ersten Mal mit bildhaften Vorstellungen gearbeitet haben, mit Ruheorten, Fantasiereisen, Entspannungsgeschichten, dem Autogenen Training, können wir auch diese thematisieren.

»*Vorstellen können wir uns viel – aber was hat das mit der Wirklichkeit zu tun? Wir machen dazu einen Versuch.*«

Bildhafte Vorstellungen: »*Schließ die Augen. Stell dir einen Teller vor, auf dem die Scheibe einer Frucht liegt. Es ist eine Zitronenscheibe. Greif in Gedanken nach der Scheibe und führe sie langsam zum Mund. – Und jetzt beiß kräftig in die Zitronenscheibe hinein!*«

Anschließend die Frage: »*Was habt ihr empfunden?*« Wir sammeln, was alles zu spüren war. Fast immer wird ein saures Gefühl im Mund genannt und dass das Wasser im Mund zusammengelaufen ist. Wir führen dann aus:

»*Die Zitrone war aber doch nicht wirklich, sie war nur in eurer Vorstellung vorhanden. Und dennoch hat euer Körper darauf reagiert, bloß auf die Vorstellung, obwohl ihr wusstet, dass da keine wirkliche Zitrone ist. Vorstellungen wirken also durchaus, und nicht bloß auf unsere Gedanken, sondern auch auf unseren Körper.*
Wenn wir uns vorstellen, entspannt zu werden, ruhig zu werden, schwer und warm zu werden, dann bewirkt das tatsächlich etwas in unserem Körper.
Stellen wir uns vor, dass wir fliegen können, bewirkt das aber nichts. Weil wir in der Wirklichkeit eben nicht fliegen können, egal wie sehr wir auch mit den Armen wedeln.
Stellen wir uns vor, entspannt zu werden, dann können wir das erreichen, weil wir auch in der Wirklichkeit immer wieder mal entspannt sind. Vor dem Einschlafen zum Beispiel.
Das Mögliche geht also, wenn wir es uns vorstellen, das Unmögliche aber nicht.
Wie ist es denn etwa mit einem Schüler, der eine gute Note schreiben will und deshalb Entspannung macht? Kann der dann eine gute Note schreiben? Eine gute Note schreiben ist möglich, also kann die Entspannung ihm dabei helfen. Aber nur, wenn er auch gelernt

hat. Eine gute Note zu schreiben, ohne etwas zu wissen, ohne gelernt zu haben, ist nicht möglich. Da hilft dann auch die Entspannung nichts. Wenn er aber gelernt hat und dann die Entspannung macht, kann die ihm helfen, das Gelernte in der Prüfung besser sagen oder schreiben zu können. Ohne Entspannung ist er vielleicht zu angespannt und aufgeregt, mit der Entspannung ist er weniger aufgeregt und kann deshalb eine bessere Note schreiben. Aber eben nur, wenn er auch gelernt hat!«

In dieser Art kann Kindern die Wirkkraft von bildhaften Vorstellungen und von Entspannung anschaulich vermittelt werden.

Auch für Elternabende eignen sich die beiden Beispiele gut. In diesem Rahmen kann ausgeführt werden: Bei der Vorstellung, in eine Zitrone zu beißen, tritt nicht nur vermehrter Speichelfluss auf und das saure Gefühl. Auch eine Ausschüttung von Verdauungsenzymen lässt sich nachweisen – alles in der Menge geringer als beim wirklichen Beißen in eine Zitrone, aber durchaus in dieser Richtung.

Obwohl die Zitrone nur in unserer Vorstellung existiert, bereitet sich der Körper darauf vor, als würde er gleich in eine Zitrone beißen. Das ist ein Grundprinzip unseres Körpers.

So wurde nachgewiesen, dass Vorstellungen, etwa einen Finger zu bewegen, im Gehirn durchaus in motorischen Zentren verarbeitet werden, ganz so wie wirkliche Fingerbewegungen. Die Gehirnaktivität bei wirklicher Bewegung und Vorstellung dieser Bewegung ist lange Zeit kaum unterscheidbar. Bis dann der Bewegungsimpuls bei der vorgestellten Bewegung unterbrochen, bei der tatsächlichen Bewegung aber durchgelassen wird.

Das lässt sich nutzbar machen, etwa für die Entspannung mittels bildhafter Vorstellungen.

Motivation

»Ich will nicht« kann es, wie bei anderen Aktivitäten, auch mal bei Entspannungsspielen, bei Fantasiereisen oder Liedern geben. Wir werden dann so wie sonst darauf eingehen. Mangelnde Motivation als Problem interessiert uns hier insofern, als Entspannung bei den Kindern negativ besetzt sein könnte. Das wird bei gemischten Gruppen (die vorzuziehen sind) weniger zu erwarten sein. Es könnte aber durchaus auftreten, wenn eine Entspannungsgruppe aus problematischen Kindern zusammengestellt ist, denen zudem noch der Eindruck vermittelt wurde, dass sie in der Entspannungsstunde sind, weil sie »es nötig« haben.

Dann stellt sich die Aufgabe, Entspannung positiv umzudeuten, damit sie von den Kindern besser angenommen wird. Eine gute Möglichkeit dazu ist der Hinweis auf das *Mentale Training*.

Mit den Kindern kann dann, vielleicht im Anschluss an die Demonstrierung der Wirkkraft bildhafter Vorstellungen anhand der Zitrone, wie folgt geredet werden:

»Ähnlich wie wir arbeiten auch manche Erwachsene mit der Vorstellungskraft. Zum Beispiel Sportler. Ihr habt das vielleicht schon einmal beobachtet, bei der Skiabfahrt etwa, wenn ein Läufer gestürzt ist. Das Rennen ist unterbrochen worden, und die Kamera weiß nicht, was sie zeigen soll. Dann zeigt sie vielleicht die wartenden Läufer. Manchmal sieht man dann, wie einer die Augen geschlossen hat. Und wie er sich ganz leicht bewegt. Der macht dann eine Entspannung, wie wir, und er stellt sich dann vor, wie er gleich die Strecke fahren wird, in der Entspannung.

Auch beim Hochsprung kann man das oft sehen: Da wird nicht gleich gesprungen, nein, die Hochspringerin steht noch da, geht langsam hin und her, schüttelt sich aus, macht eine Entspannung, stellt sich jeden Schritt erst innerlich vor, den sie nachher beim Anlauf machen wird. Sie wünscht sich nicht etwa nur, gut zu springen. Sie macht eine Entspannung, und dann stellt sie sich vor, wie sie springt, und dass es gut klappt.

Das machen heute eigentlich alle Sportler. Weil alle sich durch das Entspannen und Vorstellen verbessern können. Die weniger Guten können sich verbessern, die Guten können sich verbessern, und auch noch die sehr Guten. Entspannung und innerliches Vorstellen ist also für alle da, damit jeder das, was er kann, noch ein bisschen besser kann.

So machen das die Sportler. Und auch die Schauspieler oder die Sänger. Eben alle, die gut sind und noch besser werden wollen. Und so machen es auch wir mit unserer Entspannung und dem innerlichen Vorstellen.«

Lernbedingungen

Zumindest Kinder ab dem Schulalter können zwar lernen, Entspannung auch unter widrigen Verhältnissen einzusetzen. Die Umstände zum Erlernen der Entspannung sollten aber möglichst günstig sein. Dazu gibt es einiges zu bedenken.

Einbettung und Konzeption

Wechsel von Bewegung und Entspannung
Im Laufe des Tages sollten für die Kinder Bewegung und Entspannung abwechseln. Entspannung nach einer langen Sitzrunde abzuhalten, ist eher ungünstig. Vor der Entspannung sollte möglichst eine Bewegungseinheit stattfinden. Allerdings nicht zu bewegt, damit die Kinder nicht überdreht in die Entspannungsstunde kommen. Wenn das doch der Fall ist, sollten sie allmählich heruntergeholt werden, mit einem langsameren Spiel, oder einem meditativen Tanz. Schön ist, wenn zu Beginn der Entspannungsstunde ein Stillemoment steht. Vielleicht entzünden wir ein Stille-Licht.

Auch in einer Entspannungsstunde sollten sich Bewegung und Entspannung abwechseln.

Ritualisierung
Entspannung wird durch eine gewohnte Situation sehr unterstützt. Wenn alles genau so abläuft, wie das Kind erwartet, stellt sich eine Entspannungsreaktion besonders leicht ein. Wenn möglich, sollte der Termin regelmäßig und am selben Ort stattfinden.

Beispielsweise jeden Tag Entspannung, und zwar in einem besonderen Raum. Als Zeichen, dass nun Entspannungsstunde ist, wird der Raum leicht abgedunkelt, die immer gleiche Entspannungskerze entzündet, eventuell eine bestimmte Musik gespielt; vielleicht gibt es noch andere Zeichen für den Beginn: das Anschlagen einer Klangschale, oder es beginnt immer mit einem meditativen Tanz. So wird Entspannung am besten gelernt.

Wenn das ältere Kind Entspannung selbstständig einsetzen soll (das kann etwa mit Beginn des Schulalters erwartet werden), muss es lernen, auch ohne unterstützende Umstände auszukommen, ja in entspannungswidrigen Situationen trotzdem zu entspannen. Auch dann ist eine innere Ritualisierung hilfreich (siehe *Übertragung in den Alltag*, S. 134).

Umgebung

Sie werden mit dem zurechtkommen, was vorhanden ist. Einige Hinweise auf die optimalen Bedingungen für Entspannung und auf Probleme können dabei helfen, aus den Gegebenheiten das Beste zu machen.

Temperatur
In der Entspannung ändert sich die Sensibilität. Einer Übersicht von Vaitl (2004 c) zufolge sind der Tastsinn und die Wahrnehmung der Muskulatur während der Entspannung gedämpft. Die Temperaturwahrnehmung ist dagegen sensibilisiert. Dabei ist zu berücksichtigen, dass bei niedrigen Umgebungstemperaturen Wärmeempfindungen schlechter wahrgenommen werden als bei höheren Temperaturen. So empfiehlt es sich vor allem für »Anfänger«, zunächst in warmer Umgebung zu entspannen, da dort die Temperatursteigerungen durch die Entspannung besser wahrgenommen werden und für das weitere Üben motivieren können. Natürlich entspannt es sich in einem kalten Raum auch schlecht.

Reizüberflutung
Entspannung ist in einer reizüberfluteten Umgebung erschwert. Der Raum sollte also wenig Ablenkung bieten, und er sollte ruhig sein. Wenn Umgebungslärm nicht zu vermeiden ist, kann Musik im Hintergrund hilfreich sein.

Lichtverhältnisse
Der Raum sollte etwas abgedunkelt, aber nicht dunkel sein. Eine Kerze als Stille-Licht schafft eine schöne Atmosphäre.

Materialien

Vor der Entspannungsstunde stellen Sie sich die Frage: Was genau will ich machen? Was brauche ich dazu für Materialien?
- *Abspielgerät*: Wenn zur Entspannung Musik unterlegt wird, ist an ein Abspielgerät zu denken.
- *Matten, Stühle, Decken*: Bei Entspannung im Liegen ist an genügend Matten zu denken, eventuell an Decken zum Zudecken. Bei Entspannung im Sitzen oder wenn wir Gesprächselemente haben, brauchen wir Stühle.
- *Kreismitte*: Machen wir in einem leeren Raum Entspannungsspiele oder Tänze, ist häufig eine Kreismitte sinnvoll oder sogar erforderlich. Wollen wir die selbst zusammenstellen, mit einer Kerze, Blumen, Tüchern, Steinen? Oder machen wir das zusammen mit den Kindern?
- *Signalgeber*: Benötigen wir für Stillemomente eine Klangschale oder Triangel?
- *Skript*: Soll eine Fantasiereise oder eine Entspannungsgeschichte vorgelesen werden?

Kinder

Altersangemessenheit

Die Materialien in diesem Buch können breit angewendet werden. Fantasiereisen oder Entspannungsgeschichten gilt es, je nach Alter und Auffassungsgabe sowie Vertrautheit der Kinder mit der jeweiligen Textform anzupassen.

So ist die Länge von Entspannungsübungen von der Bekanntheit mit Entspannung abhängig (je vertrauter, umso länger können etwa Fantasiereisen sein), aber auch vom Alter der Kinder (je jünger, umso kürzer, wegen der geringeren Aufmerksamkeitsspanne). Wir beginnen also mit kurzen Entspannungseinheiten und achten auf die Reaktionen der Kinder. Wir erfragen auch hinterher offen, »wie es war«. Entsprechend können wir für die Gruppe dann die nächste Entspannungseinheit anpassen. Durchschnittsangaben bringen nichts, auch altersgleiche Gruppen können ganz unterschiedlich sein.

Sprachfähigkeit

Bei sehr jungen oder bei Migrantenkindern ist zu bedenken, ob die Texte oder Entspannungsanleitungen hinreichend verstanden werden. Wenn nicht, müssen sie einfacher erklärt oder insgesamt vereinfacht werden. Falls das nichts nutzt, greifen Sie auf Entspannungsweisen zurück, bei denen die Sprache nicht so wichtig ist, etwa manche Stillemomente, meditative Tänze, manche Entspannungsspiele, Massagegeschichten, Übungen aus dem Kinderyoga.

Entspannungshaltungen

Eigentlich sollte in fast jeder Lage entspannt werden können. Die verschiedenen möglichen Körperhaltungen kommen der Entspannung aber unterschiedlich gut entgegen. Zumindest in formalen Entspannungsverfahren wie dem Autogenen Training sollte Entspannung deshalb am besten in der Körperhaltung eingeübt werden, die von sich aus am entspanntesten ist.

Drei Haltungen sind besonders empfehlenswert, weil leicht zu lernen, gut einzunehmen und für unterschiedliche Gegebenheiten entwickelt. Die Haltungen sollen bequem sein, das geht über die genaue Beachtung der einzelnen Punkte.

1. *Liegehaltung*: Sie kommt der natürlichen Entspannung am nächsten. Gelegen wird auf dem Rücken. Auch wenn Kinder meinen, dass sie anders besser liegen könnten, sollte man hier nicht mit sich handeln lassen: Die Verhältnisse auf einer Matte und dem Boden sind anders als daheim im Bett, eine Seitenhaltung wird auf dem Boden schnell unbequem, was Unruhe nach sich zieht. Eine Rückenhaltung kann nach kurzem Eingewöhnen gut eingenommen und aufrechterhalten werden. Ausnahmen gibt es nur bei akuter Erkrankung. Die Schuhe sollten ausgezogen werden. Die Arme liegen neben dem Körper, ob die Handflächen nach unten oder oben liegen, ist nicht wichtig, je nach der Anatomie des Kindes ist das eine oder das andere bequemer. Die Beine sind ausgestreckt und überkreuzen sich nicht. Die Augen sind möglichst geschlossen. Wer die Augen nicht schließen möchte, kann sie noch offen lassen, soll dann aber nicht umherschauen, sondern den Blick an der Decke ruhen lassen. Wenn der Raum zu kühl ist, kann eine Decke zum Zudecken helfen. Anders als viele Erwachsene benötigen Kinder in aller Regel keine Kissen unter Nacken und Knien.
2. *Angelehntes Sitzen*: Wenn die Kinder selbstständig Entspannung in Stress-Situationen anwenden sollen, werden Sitzhaltungen wichtig, da es in Stress-Situationen kaum möglich sein dürfte, sich hinzulegen. Beim angelehnten Sitzen wird voll auf dem Stuhl gesessen, wenn möglich der Rücken angelehnt. Der Kopf fällt leicht nach unten. Die Augen sind geschlossen. Wenn das dem Kind noch nicht möglich ist, können sie noch offen gelassen werden. Der Blick soll dann aber nicht umherschweifen, sondern auf dem Boden vor dem Kind ruhen. Die Hände liegen am besten auf den Oberschenkeln, die Finger zeigen nach innen. Die Füße stehen in Schulterbreite auseinander fest auf dem Boden – wenn der Stuhl es erlaubt. Sie überkreuzen sich nicht. Die Schuhe können anbehalten werden.
3. *Königshaltung*: Sie entspricht dem angelehnten Sitzen, mit den Unterschieden: Das Kind sitzt nicht angelehnt, sondern vorne auf dem Stuhl. Der Rücken ist gerade (aber nicht überstreckt). Das Kind kann sich dazu vorstellen, eine Krone zu tragen.

Die jeweiligen Vorzüge: Da die *Liegehaltung* von sich aus am besten entspannt, lässt sich in ihr ein Verfahren wie das Autogene Training am besten einüben. In Stress-Situationen kommen dann die Sitzhaltungen zur Anwendung. Diese sollten vermittelt werden, sobald die Übungen im Liegen bekannt gemacht sind und beherrscht werden. Und zwar ist das *angelehnte Sitzen* vorzuziehen, wenn es um Beruhigung geht, die *Königshaltung* ist besser, wenn Konzentration im Vordergrund steht.

Harndrang
Achten Sie auf eine gut erreichbare Toilette. Erinnern Sie vor einer Entspannung wie Fantasiereisen oder Autogenem Training noch einmal an die Toilette: Harndrang meldet sich gern gerade dann, wenn wenig Ablenkung vorhanden ist, also in der Entspannung.

Leitung

Haben die Verantwortlichen für die Durchführung der Entspannungsstunde eine positive Einstellung, ein vertrauensvolles Verhältnis zu den Kindern, Selbsterfahrung in Entspannung sowie eine gute Kenntnis der ausgewählten Methoden, begünstigt das eine erfolgreiche Durchführung sehr.

Dennoch darf nicht davon ausgegangen werden, dass sich mit einer bestimmten Methode oder mit Entspannung insgesamt alle Kinder gut erreichen und begeistern lassen. Entspannung bei Kindern wirkt – aber nicht bei allen gleich gut.

Verantwortliche können davon ausgehen, dass Entspannung den Kindern gut tut, die meisten von ihnen erreicht, und günstig auf vorhandene Probleme Einfluss nehmen kann. Illusorisch ist es aber zu glauben, dass Entspannung alle Probleme lösen könnte.

Konzentrationsprobleme, Aggressionen, Ängste, Lernstörungen – sie alle haben vermutlich eine ganze Reihe von Ursachen, die von Kind zu Kind sehr verschieden sein können. Entspannung kann zwar überall eine Hilfe sein, meist sind bei massiven Problemen aber zusätzlich auch andere verhaltensbezogene Maßnahmen erforderlich.

Die Leitung ist für die Durchführung der Entspannungsstunde verantwortlich. Das bedeutet aber nicht, für die ganze bisherige Lerngeschichte des Kindes einzustehen, für seine Probleme und dass diese mit der angebotenen Methode vollständig gelöst werden können.

Entspannung ist eine ausgezeichnete präventive Methode. Die Teilnahme an einer Entspannungsstunde kann eine wichtige Grundkompetenz stärken. Sie kann helfen, mehr Kontrolle über den eigenen Aktivationszustand zu bekommen, eine bessere Vorstellungskraft sowie eine bessere Selbst- und Fremdwahrnehmung zu entwickeln. Darauf aufbauend können nötige Maßnahmen beispielsweise gegen Hyperaktivität und Aggressionsabbau erfolgversprechender eingesetzt werden oder Lernprogramme effektiver zum Einsatz kommen.

Umgang mit Störungen

Wenn während einer Fantasiereise oder anderen Entspannungsübungen draußen plötzlich Lärm beginnt, werden wir das in der Regel ignorieren und unsere Folgerungen für die nächste Stunde treffen (Entspannungsschild an die Tür, anderen Gruppen Bescheid geben). Ist der Lärm zu groß oder reagieren die Kinder eindeutig darauf, können in eine Entspannungsübung oder in eine Geschichte zum Beispiel solche Sätze eingeflochten werden:

»Der Lärm draußen ist ganz gleichgültig, wir achten nur auf … (das Rauschen des Windes, das Plätschern der Wellen, was auch immer in unserer Geschichte vorkommt).«

Oder »Die Unruhe draußen vertieft noch die Ruhe in dir. Horche in dich hinein, wie die Ruhe immer noch größer wird.«

Störungen können auch von den teilnehmenden Kindern kommen. Das ist ganz davon abhängig, welche Kinder teilnehmen und was für Erfahrungen sie bereits mit Ruhesituationen haben.

Sind Ruhesituationen dieser Art für ein Kind neu, wird es sich vielleicht nicht einfach in die Situation begeben können, es wird vielleicht die Augen geöffnet lassen, um zu schauen, was vor sich geht, was die anderen machen. Das wird man tolerieren. Von Störungen sollte überhaupt möglichst wenig Aufhebens gemacht werden, sie gehören dazu.

Wenn Kinder sich unsicher fühlen, können sie auch kichern oder sich gegenseitig stupsen. Eine Regel sollte eingeführt werden: »Andere nicht stören.« Wer nicht mitmachen kann, bleibt für sich. Unsicherheit verschwindet mit dem Bekanntwerden der Übungen und der Entspannungssituation.

Eine Studie von Klein-Heßling & Lohaus (1999) beschäftigte sich eben mit Störungen während der Durchführung von Entspannung. Die Autoren fanden (bei Schulkindern der Klassen 3 bis 6), dass die Durchführung der Progressiven Muskelentspannung mit den meisten Störungen vonseiten der Kinder verbunden war, bei Fantasiereisen, auch mit Elementen aus dem Autogenen Training, traten Störungen ebenfalls auf – aber deutlich seltener. Wahrscheinlich aktiviert die muskuläre Anspannung bei der Progressiven Muskelentspannung einige Kinder zunächst eher als dass es sie in die Entspannung führt. Auch die Studie von Krampen (2008) geht in diese Richtung.

Die Studie fand außerdem, dass Störungen sowohl die Entspannung der störenden als auch der nicht störenden Kinder erschwerte. Allerdings nahmen die Kinder das nicht weiter schwer. Als Verantwortliche sollten wir daran denken, dass wir selbst uns von Störungen vermutlich am meisten gestört fühlen. Wir sollten deshalb eher zurückhaltend darauf reagieren.

Abläufe

Aufbau einer Entspannungsstunde

Je nach den institutionellen Gegebenheiten lassen sich Entspannungsstunden höchst unterschiedlich gestalten und einbetten. Sinnvollerweise kann hier nur auf einige Grundprinzipien eingegangen werden.

- *Abwechslung zwischen Aktivität und Entspannung:* In der Entspannungsstunde wird nicht eine Entspannung auf die nächste folgen. Ein Hauptaugenmerk bei der Entspannungsvermittlung liegt nämlich darauf, Kindern den Unterschied zwischen Spannung und Entspannung zu zeigen. So können sie lernen, Anspannung selbst besser wahrzunehmen und mit der gelernten Entspannung entgegenzusteuern. Der Sinn von vielen Entspannungsspielen und -liedern mit ihrem Wechsel von Beschleunigung und Verlangsamung liegt darin begründet. So sollten in einer Entspannungsstunde Elemente mit Aktivität und Entspannung einander abwechseln und nicht eine dreiviertel oder ganze Stunde lang nur entspannt werden.
- *Nicht überladen!* Viele Verhaltensprobleme von Kindern, auch manche gesundheitlichen Probleme, sind eine Folge von Stress und Reizüberflutung. Eine Entspannungsstunde sollte dazu als Kontrast wenig Reize anbieten und eine positive Färbung dieses Wenigen erreichen. Wenn in der Entspannungsstunde in hektischer Eile eine um die andere der vielen Entspannungsmethoden durchgeführt und abgehakt wird, hat man zwar viel getan, aber gerade damit nichts erreicht. Die Entspannung ist dann kein Gegengewicht, sondern nur eine weitere Aktivität zu den schon vorhandenen. Deshalb sollte die Zeit nicht zu dicht gefüllt sein, wir sollten nicht mit der Haltung arbeiten, unbedingt alles »durchbekommen« zu wollen. Wichtiger ist, dass die Atmosphäre ruhig gehalten wird.
- *Sinne und Verständnis berücksichtigen:* Bei Planung der Entspannungsstunde sollte unbedingt das Sprachverständnis berücksichtigt werden. Wenn manche Kinder verbal schlecht ansprechbar sind, etwa wegen mangelhafter Sprachkenntnisse bei Migrantenkindern, darf nicht alles auf Fantasiereisen und Entspannungsgeschichten fokussiert werden, vielmehr müssen nonverbale Entspannungszugänge in den Vordergrund rücken. Tänze, Spiele, Tönen, Massage, Yoga bieten sich dazu an. Auch sollte darauf geachtet werden, dass Auge und Ohr Richtung Entspannung geführt werden: kein grelles Licht, eher leicht gedämpfte Beleuchtung, auch eine Kerze ist gut. Wenn Umgebungslärm trotz Absprache zu sehr stört, kann das mit Hintergrundmusik überdeckt werden.
- *Ritualisierung:* Wesentlich für Entspannung ist die Bindung der Entspannungsreaktion an Hinweisreize. Der Aufbau der Entspannungsstunde sollte deshalb voraussehbar sein, mit klaren Hinweisen wie etwa Entzünden einer Entspannungskerze immer dann, wenn die Entspannungsübung oder die Fantasiereise beginnt, mit einem klaren Anfang und Abschluss.

> **So kann der Ablauf einer Entspannungsstunde aussehen:**
>
> - Eine Begrüßungsrunde. Dazu bei ganz jungen Kindern ein ruhiges Spiel zu einer in jeder Stunde gleichen Musik oder ein Meditativer Tanz.
> - Einführung einer neue Übung, wenn etwa das Autogene Training durchgeführt wird.
> - Entspannungsübung im Liegen, darauf eingestimmt wird durch Entzünden der Entspannungskerze (oder durch Anschlagen einer Klangschale).
> - Über die Übung und die eventuell angehängte Geschichte wird gesprochen oder ein Bild dazu gemalt.
> - Eine lebhaftere Aktivität, ein Spiel oder ein Lied.
> - Eventuell noch einmal eine Entspannungseinheit, etwa Autogenes Training im Sitzen oder »Meeratem«, wenn die Kinder alt genug sind, um Entspannung selbstständig in Stress-Situationen einsetzen zu können.
> - Der Abschluss, wieder etwas bewegter, zum Beispiel mit einem Meditativen Tanz.
>
> Die Stundendauer sollte immer etwa gleich lang sein. Ob aber eine halbe, dreiviertel oder ganze Stunde gewählt wird, liegt im eigenen Ermessen. An Volkshochschulen oder bei Krankenkassen sind Kursstunden aus organisatorischen Gründen nicht selten 90 Minuten lang (eine Doppelstunde also), was allerdings die obere Grenze darstellt.

Aufbau eines Entspannungskurses

Die Planung einer Folge von Entspannungsstunden verlangt einige Grundentscheidungen:

- Nehmen alle Kinder daran teil, oder soll es ein besonderes Angebot mit Freiwilligkeitscharakter oder auf Empfehlung sein?
- Heißt Entspannung, dass die Kinder sich in den Stunden unter Anleitung entspannen? Oder soll Entspannung zusätzlich so vermittelt werden, dass die Kinder sie auch selbst in Stress-Situationen einsetzen können (etwa ab dem Schulalter möglich)? Nur bei Letzterem müssen wir Entspannung thematisieren, und wir müssen dann auch Verfahren anbieten, die sich die Kinder gut merken können, etwa die Kurzübung nach dem Autogenen Training, ein Ruheort oder eine Atementspannung wie »Meeratem«.
- Wollen wir die »großen« Verfahren Autogenes Training oder Progressive Muskelentspannung einsetzen, bauen zumindest die ersten Stunden aufeinander auf. Wir sollten dann auch dafür sorgen, dass die Kinder jedes Mal teilnehmen. Wenn wir nach unserer Konzeption eine unregelmäßige Teilnahme erwarten (es kommt, wer gerade ein Bedürfnis nach Entspannung hat), dann werden wir statt dieser Verfahren Fantasiereisen, Ruheorte, Atementspannung usw. einsetzen, die nicht aufeinander aufbauen.
- Wir sollten auch bei der Kursgestaltung an eine Ritualisierung denken. Das heißt, es sollte regelmäßige Zeiten und einen bestimmten Ort für den Kurs geben.

Kurse können sehr unterschiedlich gestaltet werden. An Schulen, in Kindergärten oder ähnlichen Institutionen kann sich ein Kurs ein, zwei oder drei Mal pro Woche über ein halbes Jahr erstrecken oder zeitlich ganz unbeschränkt sein.

Von Volkshochschulen, Krankenkassen oder ähnlichen Trägern ausgeschriebene Kurse haben meist acht bis zwölf Termine, bei denen bis zu zwölf Kinder einmal pro Woche die Entspannung durchführen.

Übertragung in den Alltag

Die Ergebnisse mehrerer Studien legen nahe, dass Kinder Entspannungsverfahren zwar schneller als Erwachsene lernen, dass sie aber größere Schwierigkeiten haben, das Gelernte selbstständig in den eigenen Alltag zu übertragen (Dittmann 1988 sowie Lohaus & Klein-Heßling 2000). Vor allem jüngeren Kindern fehlt noch die differenzierte Körperwahrnehmung, sie merken nicht so gut wie ältere Kinder, Jugendliche oder Erwachsene, ob sie in einer Stress-Situation sind.

Die Übertragung in den Alltag sollte mit Kinder im entsprechenden Alter ausdrücklich thematisiert werden – das ist erfahrungsgemäß etwa ab dem Vorschulalter der Fall. Schulkinder sollten auf jeden Fall eine Übertragung leisten können.

Über eine Übertragung in den Alltag kann sinnvollerweise erst dann geredet werden, wenn Entspannung bekannt ist und in der Entspannungsstunde beherrscht wird – in der Regel nach einigen wenigen Stunden.

Gespräch mit den Kindern

Eine Übertragung in den Alltag kann etwa wie folgt mit Kindern besprochen werden (am Beispiel des Ruheorts):

»*Wir haben in der Entspannungsstunde den Ruheort gehabt.*« (Noch einmal mit den Kindern besprechen, wie das geht.) »*Glaubt ihr, dass ihr euch das auch außerhalb der Entspannungsstunde vorstellen könnt? Wer hat das schon einmal probiert? Bei welchen Gelegenheiten war das?*«

Wir nehmen auf und bestätigen, was wir von den Kindern hören. Vielleicht kommt darin ein Ansatzpunkt für uns vor, wenn nicht, fahren wir selbst damit fort:

»*Der Ruheort kann auch dann helfen, wenn wir unruhig sind. Wie zeigt es sich denn, dass wir unruhig sind?*«

Die Frage zielt auf die Identifikation von Stress-Situationen durch die Kinder, anhand ihrer Reaktion. Ob Aufregung, schneller Atem, schneller Herzschlag, Schweißausbruch, Fahrigkeit, Stottern – was genannt wird, bestätigen wir oder besprechen es.

»Und weshalb kann man denn unruhig sein?«

Wir bestätigen wieder die Antworten der Kinder, wir ergänzen sie und kommen auf den Kindern geläufige Stress-Situationen zu sprechen, bei Schulkindern auch auf die Schule.

»Wie könnte der Ruheort in so einer Situation helfen?«

Wir warten auf die Antworten der Kinder und besprechen sie.

»Das können wir doch einmal ausprobieren, was meint ihr?«

Wir können nun vereinbaren, dass jeder den Ruheort bis zum nächsten Mal außerhalb der Entspannungsstunde ausprobiert, oder wir machen noch ein Rollenspiel dazu.

Rollenspiel
Aus den von den Kindern berichteten Situationen suchen wir einige aus und proben im Rollenspiel, wie sich der Ruheort jeweils einsetzen lässt. Sehr wichtig ist, möglichst viel auf der Beteiligung der Kinder aufzubauen. Dann wird erfragt, wie es ging. Und wir besprechen die Antworten.

Außerhalb probieren
Wenn wir die Hausaufgabe geben, den Ruheort außerhalb der Entspannungsstunde selbstständig anzuwenden, sollten wir, zumindest bei überschaubaren Kindergruppen, mit jedem Kind eine mögliche Situation besprechen, die möglichst vom Kind genannt wird. Wir überlegen dann, ob der Ruheort überhaupt helfen könnte, und wie er am besten eingesetzt wird.

Entsprechend sollten wir dann nächstes Mal in der Entspannungsstunde bei möglichst vielen Kindern nachfragen, ob der Ruheort eingesetzt werden konnte und wie es geklappt hat. Wir besprechen dann (bei größeren Gruppen gesammelt am Schluss), was die Kinder alles erfahren haben und was daraus für das weitere Probieren folgt. Was hat gut geklappt? Was lässt sich wie noch besser machen?

In der Entspannungsstunde tragen assoziative Verknüpfungen zur Entspannung bei. Etwa die Verknüpfung mit einer bestimmten Musik, mit einer Entspannungskerze, mit dem Raum, der ganzen Situation.

Viele dieser Hilfen fallen beim selbstständigen Einsatz weg. Weder die Musik noch die Entspannungskerze gibt es, es ist ein anderer Raum, das Kind liegt auch nicht auf dem Rücken, der Raum ist nicht abgedunkelt …

Die Übertragung in den Alltag besteht eben darin, auch unter Wegfall dieser günstigen und sogar unter Aufkommen von ungünstigen Umständen (Stress) entspannen zu können. Dazu ist wichtig, dass die Auslöser der Entspannung gut verinnerlicht wurden, sodass schon auf sie hin die Entspannungsreaktion stattfinden kann. Etwa die Eingangsformel »Ich bin ganz ruhig« beim Autogenen Training, oder eben die Vorstellung unseres Ruheorts oder des Meeresrauschens in der Atementspannung »Meeratem«. Das lernen wir in der Entspannung.

Die Übertragung gelingt nur dann, wenn das Kind Situationen, in denen Entspannung hilfreich sein könnte, überhaupt herausfindet und sich in diesen Situationen an die Entspannung erinnert und sie einsetzt. Das lernen wir in Gesprächen und Rollenspielen. So gelingt die Entspannung nicht nur in unserer Entspannungsstunde, sondern auch im Alltag.

7 Entspanntes Leben

Was haben die Kinder durch die Entspannung gelernt und erfahren?

Wir haben einen Raum geboten, der einen Ausgleich zu den lauten und schnelleren Aktivitäten ringsum bietet. So haben wir etwas für das Bedürfnis der Kinder nach Entspannung getan.

Wir haben zur Wahrnehmungsschulung der Kinder beigetragen, durch den Wechsel zwischen ruhigen und bewegten, lauten und leisen Aktivitäten. So haben wir die Entwicklung von Selbstkontrolle, Selbstständigkeit und Sensibilität unterstützt.

Wir haben den Kindern etwas gezeigt, das sie vielleicht gleich, vielleicht später selbst einsetzen können, um mit Stress und Überlastung und ihren Folgeproblemen besser fertig zu werden.

Wir haben etwas zur Entwicklung von Kreativität und von Vertrauen auf die eigenen Fähigkeiten beigetragen, was später zu den wichtigsten Garanten eines erfüllten und erfolgreichen Lebens zählen wird.

Entspannung soll aber nicht nur ein Fach neben anderen sein, das zu einer bestimmten Zeit »dran« ist und anschließend wieder vergessen wird. Die Möglichkeit zu Entspannung und Konzentration sollte auch im Alltag der Kinder gegeben sein.

Elemente aus der Entspannungspädagogik lassen sich dazu leicht einbringen. Wenn wir häufiger Klängen oder Geräuschen nachlauschen. Wenn wir während einer Aktivität stehen bleiben, um etwa auf den Wind zu achten oder darauf, wie eine Katze sich bewegt. Wenn wir uns der Hektik unserer eigenen Bewegungen bewusster werden. Wenn wir schnell sind, sobald es schnell zu sein gilt, anschließend aber wieder langsam werden können. Wenn wir auch im Alltag auf einen Wechsel von bewegten und ruhigen Aktivitäten achten.

Entspannungspädagogik will nichts Besonderes sein, sondern das ganz Normale, Selbstverständliche.

Für die Kinder ist wichtig, dass Zeiten und Räume dafür zur Verfügung gestellt werden, dass immer wieder Hinweise in Richtung Entspannung und Verlangsamung erfolgen. Dass vielleicht auch ganz wörtlich ein Entspannungsraum eingerichtet wird, ein stilles Zimmer, warm, mit leiser Hintergrundmusik, Düften, weichem Licht, in das sich Kinder mit Ruhebedürfnis zurückziehen können. »Snoezelen« heißt dieses aus den Niederlanden stammende Konzept.

Für Kinder wichtig ist das Vorbild der Erwachsenen, nicht nur während einer Entspannungsstunde, sondern den ganzen Tag. So ist für die Erwachsenen immer wieder die Frage angebracht: Bin ich selbst zu gehetzt? Packe ich zu viel in eine Stunde oder eine Aktivität?

Selbst zu entspannen, ist für die betreuenden Erwachsenen im Ablauf des Berufsalltags oft schwierig. Ein erster Schritt ist damit getan, dass ich mir meine eigene Anspannung, meinen Stress bewusst mache. Wichtig sind eine genaue Selbstwahrnehmung und die Überprüfung der eigenen Aktivitäten. In Stress-Situationen kann etwa eine Atementspannung helfen. Weniger zu tun, um mehr zu erreichen, das wäre ein gutes Prinzip für den beruflichen (und auch den privaten) Alltag.

An bestehenden Verhältnissen und grundlegenden Problemen ändert das allerdings wenig. In einer Umfrage an Kindertageseinrichtungen wurde der hohe Geräuschpegel als größter Belastungsfaktor genannt, noch vor dem Personal- und Zeitmangel (Fuchs-Rechlin 2007). Auch in Schulen ist es zu laut. 55 Dezibel gelten als Grenzwert für Arbeitsplätze mit geistiger Tätigkeit, gemessen werden aber Werte um 85 Dezibel, was eigentlich das Tragen eines Gehörschutzes verlangt. Besonders belastend ist dabei vor allem der Hall.

Entspannung kann den Lärmpegel reduzieren (Norlander und Mitarbeiter 2005). Hilfreich gegen den Hall sind auch einfache bauliche Veränderungen. Die Netzpräsenz www.fluesterndesklassenzimmer.de führt in die Thematik ein und zeigt, was sich selbst tun lässt; das lässt sich zum großen Teil auch auf Kindertagesstätten übertragen.

Klare Abläufe und Strukturen sind gleichfalls dazu geeignet, unnötigen Lärm zu vermeiden und Entspannung zu verbreiten. Kleine Rituale beim Wechsel von Aktivitäten helfen hier.

Die Beschleunigung in der Welt des Menschen ist von uns kaum beeinflussbar. Aber wir können uns der Gegenkräfte bewusst werden und sie in unserem Leben stärker betonen. Zu diesen Gegenkräften gehören wir selbst, so wie wir biologisch und sozial angelegt sind. Und Naturbezüge gehören dazu, die uns in eine Verlangsamung bringen und unsere Sinnesvielfalt bereichern.

Anhang

Literatur

Bannenberg, Thomas (2010). *Yoga für Kinder*. München: Gräfe & Unzer, 5. Auflage, Erstauflage 2005

Biermann, Gerd (1975). *Autogenes Training mit Kindern und Jugendlichen*. 2. Auflage 1978. München: Ernst Reinhardt

Birbaumer, Niels & Schmidt, Robert F. (2010). *Biologische Psychologie*. 7., überarbeitete und ergänzte Auflage. Heidelberg: Springer Medizin Verlag

Bobretzky, E. & Plesser, Alfred (1984). Autogenes Training für behinderte Kinder in der allgemeinen Sonderschule. *Ärztliche Praxis und Psychotherapie*, 6, 21–31

Borscheid, Peter (2004). *Das Tempo-Virus. Eine Kulturgeschichte der Beschleunigung*. Frankfurt am Main: Campus

DeGrandpre, Richard (2005). *Die Ritalin-Gesellschaft. ADS: Eine Generation wird krankgeschrieben*. Beltz, Weinheim, US-amerikanisches Original 1999

Deister, Marion & Horn, Reinhard (2003). *Streichelwiese. Ganzheitliche Körpererfahrung für Kinder*. Lippstadt: Kontakte-Verlag

Denkowski, Kathryn M.; George C. Denkowski & Micheal M. Omizo (1983). The effects of EMG-assisted relaxation training on the academic performance, locus of control, and self-esteem of hyperactive boys. *Biofeedback and Self-Regulation*, 8, 363–375

Dikel, William & Olness, Karen (1980). Self-hypnosis, biofeedback, and voluntary peripheral temperature control in children. *Pediatrics*, 66, 335–340

Dittmann, Ralf W. (1988). *Zur Psychophysiologie beim Autogenen Training von Kindern und Jugendlichen*. Frankfurt am Main: Peter Lang

Dobson, Robin L., Bray, Melissa A., Kehle, Thomas J., Theodore, Lea A. & Peck, Heather L. (2005). Relaxation and guided imagery as an intervention for children with asthma: A replication. *Psychology in the Schools*, 42, 707–720

Erkert, Andrea (1998). *Inseln der Entspannung. Kinder kommen zur Ruhe mit 77 fantasievollen Entspannungsspielen*. Münster: Ökotopia

Faust-Siehl, Gabriele, Bauer, Eva-Maria, Baur, Werner & Wallaschek, Uta (1999). *Mit Kindern Stille entdecken. Bausteine zur Veränderung der Schule*. Frankfurt am Main: Moritz Diesterweg, Erstausgabe war 1990

Freudenthaler, Evelyn (1994). *Das integrative Entspannungskonzept – ein neuer Ansatz zum autogenen Training für Kinder*. Dissertation aus der Universität Wien

Frey, Herbert (1978). Förderung der Rechtschreibleistung von Legasthenikern durch autogenes Training. *Zeitschrift für Entwicklungspsychologie und Pädagogische Psychologie*, 10, 258–264

Friebel, Volker (1994). Entspannungstraining für Kinder – eine Literaturübersicht. *Praxis der Kinderpsychologie und Kinderpsychiatrie*, 43, 16–21

Friebel, Volker (1995). *Wie Stille zum Erlebnis wird. Sinnes- und Entspannungsübungen im Kindergarten*. Freiburg im Breisgau: Herder

Friebel, Volker (1996). … als könnte man eine Stecknadel fallen hören. Stilleübungen im Kindergarten. *Kindergarten heute*, 26, Septemberheft, 36–38

Friebel, Volker (2000). *Innere Bilder. Imaginative Techniken in der Psychotherapie*. Düsseldorf: Walter

Friebel, Volker & Kunz, Marianne (2000). *Meditative Tänze mit Kindern. In ruhigen und bewegten Kreistänzen durch den Wandel der Jahreszeiten.* Buch mit CD. Münster: Ökotopia (5. Auflage 2008)
Friebel, Volker (2008). *Kinder entdecken die Langsamkeit. Musikalisch-spielerische Förderung von Konzentration, Achtsamkeit und Wohlbefinden.* Buch mit CD. Ökotopia, Münster
Friebel, Volker (2010). Mit Kindern die Langsamkeit entdecken. Entschleunigung im Kindergarten. *Klein&groß – Zeitschrift für Frühpädagogik*, 63, Septemberheft, 14–17
Friebel, Volker & Friedrich, Sabine (2011). *Entspannung für Kinder.* Rowohlt Taschenbuch, Reinbek, 18. vollständig überarbeitete Auflage, Erstauflage war 1989
Friebel, Volker (2012). *Traumreisen für Kinder.* Münster: Ökotopia
Fuchs-Rechlin, Kirsten (2007). *Wie geht's im Job – KiTa-Studie der GEW.* Gewerkschaft Erziehung und Wissenschaft, Frankfurt am Main (pdf-Datei)
Giambra, Leonard M. & Grodsky, Alicia (1991). Aging, imagery, and imagery vividness in daydreams: cross-sectional and longitudinal perspectives. In: Robert G. Kunzendorf (Hg). *Mental Imagery* (S. 23–33). New York: Plenum Press
GKV Spitzenverband (2010). *Leitfaden Prävention. Handlungsfelder und Kriterien des GKV-Spitzenverbandes zur Umsetzung von §§ 20 und 20a SGB V vom 21. Juni 2000 in der Fassung vom 27. August 2010* (pdf-Datei)
Grasmann, Dörte & Stadler, Christina (2009). *Verhaltenstherapeutisches Intensivtraining zur Reduktion von Aggression.* Multimodales Programm für Kinder, Jugendliche und Eltern. Buch mit CD-Rom. Wien: Springer-Verlag
Grasmann, Dörte & Stadler, Christina (2011). VIA – Intensivtherapeutischer Behandlungsansatz bei Störungen des Sozialverhaltens. *Zeitschrift für Kinder- und Jugendpsychiatrie und Psychotherapie*, 39, 23–31
Gröller, Beate (1991). Zur Effektivität von kombinierten Entspannungsübungen für Kinder mit Asthma bronchiale. *Rehabilitation*, 30, 85–89
Habersetzer, Rupert & Schuth, Walter (1976). Experimentelle Untersuchungen zum autogenen Training bei Kindern. *Therapiewoche*, 26, 4617–4623
Hampel, Petra & Petermann, Franz (2003). *Anti-Stress-Training für Kinder.* Weinheim: Beltz, 2. erweiterte Auflage, Erstauflage war 1998
Jacobson, Edmund (1990): *Entspannung als Therapie: Progressive Relaxation in Theorie und Praxis.* München: Pfeiffer, US-amerikanische Erstausgabe war 1934
Klauß, Barbara (1982). *Über die Psychohygiene und über Möglichkeiten zu ihrer Anwendung in der Schule unter besonderer Berücksichtigung von Entspannungsübungen.* Unveröffentlichte erziehungswissenschaftliche Dissertation aus Aachen
Klein, Margarita (1999). *Schmetterling und Katzenpfoten. Sanfte Massagen für Babys und Kinder.* Münster: Ökotopia
Klein-Heßling, Johannes & Lohaus, Arnold (1998). *Bleib locker. Ein Streßpräventionstraining für Kinder im Grundschulalter.* Hogrefe, Göttingen, 2000 erschien eine zweite Auflage und dazu ein Tonträger
Klein-Heßling, Johannes & Lohaus, Arnold (1999). Zur Wirksamkeit von Entspannungsverfahren bei unruhigem und störendem Schülerverhalten. *Zeitschrift für Gesundheitspsychologie*, 7, 213–221
Kneutgen, Johannes (1970). Eine Musikform und ihre biologische Funktion. Über die Wirkungsweise der Wiegenlieder. *Zeitschrift für experimentelle und angewandte Psychologie*, 17, 245–265
Kohen, Daniel P., Mahowald, Mark W. & Rosen, Gerald M. (1992). Sleep-terror disorder in children: The role of self-hypnosis in management. *American Journal of Clinical Hypnosis*, 34, 233–244
Krampen, Günter (1992). Effekte der Grundübungen des autogenen Trainings im schulischen Anwendungskontext. *Psychologie in Erziehung und Unterricht*, 39, 33–41
Krampen, Günter (1997). Promotion of creativity (divergent productions) and convergent productions by systematic-relaxation exercises. *European Journal of Personality*, 11, 83–99

Krampen, Günter (2008). Zum Einfluss pädagogisch-psychologischer Interventionen auf die Konzentrationsleistungen von Vor- und Grundschulkindern mit Konzentrationsschwächen. Ergebnisse aus zehn experimentellen Studien. *Psychologie in Erziehung und Unterricht*, 55, 196–210

Kröner, Birgit & Langenbruch, Brigitte (1982). Untersuchung zur Frage der Indikation von autogenem Training bei kindlichen Konzentrationsstörungen. *Psychotherapie, Medizinische Psychologie*, 32, 157–161

Kröner, Birgit & Steinacker, I. (1980). Autogenes Training bei Kindern: Auswirkung auf verschiedene Persönlichkeitsvariablen. *Psychotherapie, Psychosomatik, medizinische Psychologie*, 30, 180–184

Labbe, Elise L. & Williamson, Donald A. (1984). Treatment of childhood migraine using autogenic feedback training. *Journal of Consulting and Clinical Psychology*, 52, 968–976

Lee, L. H. & Olness, K. N. (1996): Effects of self-induced mental imagery on autonomic reactivity in children. *Journal of Developmental and Behavioral Pediatrics*, 17, 323–327

Lendner-Fischer, Sylvia (1997). *Bewegte Stille. Wie Kinder ihre Lebendigkeit ausdrücken und zur Ruhe finden. Ein Praxisbuch*. München: Kösel

Lizasoain, Olga & Polaino, Aquilino (1995). Reduction of anxiety in pediatric patients: Effects of a psychopedagogical intervention programme. *Patient Education and Counseling*, 25, 17–22

Lohaus, Arnold & Klein-Heßling, Johannes (2000): Coping in childhood: A comparative evaluation of different relaxation techniques. *Anxiety, Stress & Coping*, 13, 187–211

Lohaus, Arnold, Klein-Heßling, Johannes, Vögele, Claus, Kuhn-Hennighausen, Christiane (2001). Psychophysiological effects of relaxation training in children. *British Journal of Health Psychology*, 6, 197–206

Lohaus, Arnold & Klein-Heßling, Johannes (2003 a). Relaxation in children: Effects of extended and intensified training. *Psychology and Health*, 18, 237–249

Lohaus, Arnold & Klein-Heßling, Johannes (2003 b). Problemlösungen sind erlernbar. Zur Evaluation von Stressbewältigungs- und Entspannungstrainings für Kinder im Grundschulalter. *Report Psychologie*, 28, 96–102

Lohaus, Arnold, Domsch, Holger & Fridrici, Mirko (2007). *Stressbewältigung für Kinder und Jugendliche: Positiv mit Stress umgehen lernen. Konkrete Tipps und Übungen, Hilfen für Eltern und Lehrer*. Heidelberg: Springer Medizin Verlag

Luthe, Wolfgang (1965). Autogene Entladungen während der Unterstufenübungen. In: Wolfgang Luthe (Hg). *Autogenes Training. Correlationes Psychosomaticae* (S. 22–52). Stuttgart: Thieme.

Maschwitz, Gerda & Maschwitz, Rüdiger (1998). *Stille-Übungen mit Kindern. Ein Praxisbuch*. Kösel, München, Erstausgabe war 1993

Maschwitz, Gerda & Maschwitz, Rüdiger (1995). *Gemeinsam Stille entdecken. Übungen für Kinder und Erwachsene*. Kösel, München

Matthews, Doris B. (1986). Discipline: Can it be improved with relaxation training? *Elementary School Guidance and Counseling*, 20, 194–200

Montessori, Maria (1961). *Kinder sind anders*. Stuttgart: Ernst Klett, 6. deutsche Auflage, die italienische Erstausgabe erschien 1915

Montessori, Maria (1969). *Die Entdeckung des Kindes*. Freiburg im Breisgau: Herder, die italienische Erstausgabe erschien 1913.

Müller, Else (1983). *Du spürst unter deinen Füßen das Gras. Autogenes Training in Fantasie- und Märchenreisen. Vorlesegeschichten*. Frankfurt am Main: Fischer Taschenbuch

Müller, Else (1984). *Hilfe gegen Schulstress. Übungsanleitungen zu Autogenem Training, Atemgymnastik und Meditation. Für Kinder und Jugendliche*. Reinbek: Rowohlt Taschenbuch

Müller, Else (1985). *Auf der Silberlichtstraße des Mondes. Autogenes Training mit Märchen zum Entspannen und Träumen*. Frankfurt am Main: Fischer Taschenbuch

Müller, Else (1993). *Träumen auf der Mondschaukel. Autogenes Training mit Märchen und Gute-Nacht-Geschichten*. München: Kösel

Müller, Else (1994). *Inseln der Ruhe. Ein neuer Weg zum Autogenen Training für Kinder und Erwachsene.* München: Kösel. Erschien auch 2001 in Frankfurt am Main: Fischer Taschenbuch

Norlander, Torsten, Moås, Leif & Archer, Trevor (2005). Noise and Stress in Primary and Secondary School Children: Noise Reduction and Increased Concentration Ability Through a Short but Regular Exercise and Relaxation Program. *School Effectiveness and School Improvement*, 16, 91–99

Ohm, Dietmar (2000). *Progressive Relaxation für Kids.* Stuttgart: Trias. Dazu erschien auch eine CD

Ohm, Dietmar (2001). Progressive Relaxation bei Kindern und Jugendlichen. *Entspannungsverfahren*, 18, 9–18

Oldfield, Dick & Petosa, Richard (1986). Increasing student »on-task« behaviors through relaxation strategies. *Elementary School Guidance and Counseling*, 20, 180–186.

Oles, M. (1956). Autogenes Training bei Kindern und Jugendlichen. *Psychiatrie, Neurologie und medizinische Psychologie*, 8, 76–78

Petermann, Franz, Walter, Hans-Jörg, Köhl, Christoph & Biberger, Angelika (1992). Asthma-Verhaltenstraining in der Langzeitrehabilitation. In: Franz Petermann & Josef Lecheler (Hg). *Asthma bronchiale im Kindes- und Jugendalter* (S. 77–97). München: Quintessenz

Petermann, Franz & Petermann, Ulrike (1993). *Training mit aggressiven Kindern.* Weinheim: Beltz (Psychologie Verlags Union), 6. überarbeitete Auflage

Petermann, Ulrike (1993). *Die Kapitän-Nemo-Geschichten.* Teil 1 und 2. Essen: Elvikom, Tonträger-Set von 2x90 Minuten. Als Buch nachveröffentlicht bei Freiburg im Breisgau: Herder, 2001

Petermann, Ulrike & Petermann, Franz (1994). *Training mit sozial unsicheren Kindern.* Weinheim: Beltz (Psychologie Verlags Union), 5. Auflage

Petermann, Ulrike & Hartmann, Blanka (2004): Neurodermitis. In: Dieter Vaitl & Franz Petermann (Hg): *Entspannungsverfahren. Das Praxishandbuch* (S. 407–418). Weinheim: Beltz, 3. Auflage

Petermann, Ulrike (2010). *Entspannungstechniken für Kinder und Jugendliche. Ein Praxisbuch.* Weinheim: Beltz, 6. aktualisierte Auflage, Erstauflage war 1996

Polender, Anna (1982 a). Entspannungs-Übungen. Eine Modifikation des Autogenen Trainings für Kleinkinder. *Praxis der Kinderpsychologie und Kinderpsychiatrie*, 31, 15–19

Polender, Anna (1982 b). Entspannungs-Übungen. Eine Modifikation des Autogenen Trainings für geistig behinderte Kinder. *Praxis der Kinderpsychologie und Kinderpsychiatrie*, 31, 50–56

Portmann, Rosemarie (2010). *Die 50 besten Entspannungs-Spiele.* München: Don Bosco Verlag, Teil-Nachdruck eines älteren Buchs der Autorin, 8. Auflage

Ravens-Sieberer, Ulrike, Wille, N., Bettge, S, & Erhard, M. (2007). Psychische Gesundheit von Kindern und Jugendlichen in Deutschland. Ergebnisse aus der BELLA-Studie im Kinder- und Jugendgesundheitssurvey (KiGGS). *Bundesgesundheitsblatt*, 50, 871–878

Roome, John R. & Romney, David M. (1985). Reducing anxiety in gifted children by inducing relaxation. *Roeper-Review*, 7, 177–179

Rücker-Vogler, Ursula (1994). *Bewegen und Entspannen. Spiele und Übungen für Kinder.* Ravensburg: Ravensburger

Saile, Helmut (1996). Metaanalyse zur Effektivität psychologischer Behandlung hyperaktiver Kinder. *Zeitschrift für Klinische Psychologie*, 25, 190–207

Schmierer, Albrecht (1991). Die Anwendung von Entspannungstonbändern in der zahnärztlichen Praxis. *Zahnärztliche Praxis*, 42, 286–288

Setterlind, Sven (1984). Entspannung – ein Teil der Gesundheitserziehung in der Schule. Ergebnisse empirischer Untersuchungen. *Motorik*, 7, 118–128

Singer, Dorothy G. & Singer, Jerome L. (1992). *The house of make-believe. Children's play and the developing imagination.* Cambridge: Harvard University Press, 2. Auflage, die Erstauflage war 1990

Speck, Vanessa (2005). *Training progressiver Muskelentspannung für Kinder.* Göttingen: Hogrefe, dazu erschien eine CD mit Anleitungen

Spitzer, Manfred (2003). *Musik im Kopf. Hören, Musizieren, Verstehen und Erleben im neuronalen Netzwerk*. Stuttgart: Schattauer, korrigierter Nachdruck, Erstausgabe war 2003

Spitzer, Manfred (2005). *Vorsicht Bildschirm! Elektronische Medien, Gehirnentwicklung, Gesundheit und Gesellschaft*. Stuttgart: Ernst Klett

Steiner-Backhausen, Birgit (2000). »Da hab ich mein kleines Lächeln gespürt!« Entspannung im Kontext hypnotherapeutisch orientierter Kindergruppen. In: Karl-Ludwig Holtz, Siegfried Mrochen, Peter Nemetschek & Bernhard Trenkle (Hg): *Neugierig aufs Großwerden. Praxis der Hypnotherapie mit Kindern und Jugendlichen* (S. 271–320). Heidelberg: Carl-Auer Verlag

Stueck, Marcus & Glöckner, N. (2005). Yoga for children in the mirror of the science: Working spectrum and practice fields of a Training of Relaxation with Elements of Yoga for Children. *Early child development and care*, 175, 371–377

Szczepanski, Rüdiger & Könning, Josef (1992). »Luftiku(r)s« – Ein Asthmakurs für Kinder und deren Familien. In: Franz Petermann & Josef Lecheler (Hg). *Asthma bronchiale im Kindes- und Jugendalter* (S. 65–75). München: Quintessenz

Trappe, Hans-Joachim (2010). Musik und Gesundheit. *Musik-, Tanz- und Kunsttherapie*, 21, 1–6

Trautmann, Ellen, Lackschewitz, Halina & Kröner-Herwig, Birgit (2006). Psychological treatment of recurrent headache in children and adolescents – a meta-analysis. *Cephalalgia*, 26, 1411–1426

Vaitl, Dieter (2004 a). Psychophysiologie der Entspannungsverfahren. In: Dieter Vaitl & Franz Petermann (Hg): *Entspannungsverfahren. Das Praxishandbuch* (S. 21–33). Weinheim: Beltz, 3. Auflage

Vaitl, Dieter (2004 b). Neurophysiologie der Entspannungsverfahren. In:Dieter Vaitl & Franz Petermann (Hg): *Entspannungsverfahren. Das Praxishandbuch* (S. 34–47). Weinheim: Beltz, 3. Auflage

Vaitl, Dieter (2004 c). Psychophysiologie der Interozeption. In: Dieter Vaitl & Franz Petermann (Hg): *Entspannungsverfahren. Das Praxishandbuch* (S. 48–58). Weinheim: Beltz, 3. Auflage

Zimmer, Renate (2005). *Bewegung und Entspannung. Anregungen für die praktische Arbeit mit Kindern*. Freiburg im Breisgau: Herder, 2. Auflage, Erstauflage war 2002

Tonträger

Friebel, Volker (2011 a). *Zur Ruhe. Entspannungs-CD.* Wolkenpfad-Verlag, Tübingen. Mit Instrumentalmusik zur Entspannung, Verlangsamungsliedern sowie Musikstücken für meditative Tänze
Friebel, Volker (2011 b). *Zur Konzentration. Entspannungs-CD.* Wolkenpfad-Verlag, Tübingen. Mit Instrumentalmusik zur Entspannung und Verlangsamungsliedern. Kann auch als *Gutenacht-CD* verwendet werden

Die beiden CDs ergänzen sich und enthalten keine Überschneidungen. Jede CD kostet 12,90 Euro (Versandkosten für Deutschland sind enthalten, in andere Länder kommen noch 2 Euro Versandkosten pro Sendung dazu).
Zu bestellen auf Rechnung bei Volker Friebel (Post@Volker-Friebel.de).

Weitere Tonträger

Buntrock, Martin (2009). Kinderleichte Ruheerlebnisse. Entspannungsmusik zum Stillwerden, Träumen, Fantasieren und Einschlafen. Audio-CD. Ökotopia Verlag, Münster
Kiwit, Ralf (2003). Traumstunden für Kinder. Musik zur Entspannung und Gestaltung von Traumreisen. Ökotopia Verlag, Münster
Sampler (2006). Kinder kommen zur Ruhe. Die schönsten Melodien zum Entspannen und Träumen. Ökotopia Verlag, Münster

Im Netz

Weitere Materialien: www.entspannung-plus.de
Dort können Fantasiereisen geladen werden, Stillmomente, Entspannungsgeschichten, Verlangsamungslieder, Anleitungen zu Meditativen Tänzen. Und ein Ausbildungsangebot des Autors zur *Entspannungspädagogik für Kinder* findet sich dort ebenfalls.